Patrick Kirchberger & Dominique Rondé

Zwei Wege, ein Ziel

Erfolg beginnt im Kopf!

ForwardVerlag

ForwardVerlag

Zwei Wege, ein Ziel
Erfolg beginnt im Kopf!

Imprint der Verlagsgruppe StudyHelp GmbH, Paderborn
www.forwardverlag.de

1. Auflage

Autoren: Patrick Kirchberger & Dominique Rondé

Kontakt: info@forwardverlag.de
Umschlaggestaltung: @magier
Druck: mediaprint solutions GmbH

ISBN 978-3-98755-165-9

Kapitelübersicht

Niemand kommt, um dich zu retten.

Gender-Hinweis
Aus Gründen der Lesbarkeit wurde auf eine durchgängige gendergerechte Sprache verzichtet. Alle geschlechtlichen Identitäten sind selbstverständlich gleichermaßen angesprochen und gemeint.

VORWORT

Patrick

Ich glaube nicht an Zufälle, zumindest nicht, wenn es um echte Begegnungen geht. Als ich mit Dominique nach all den Jahren plötzlich wieder Kontakt hatte, war das erst einmal ein verrückter Moment. Wir hatten in der Schulzeit kaum etwas miteinander zu tun, da wir unterschiedlicher nicht hätten sein können. Klar kannten wir uns von früher, aber wenn ich ehrlich bin, hätte ich niemals damit gerechnet, dass ich mal mit ihm ein Buch schreiben würde. Wir waren damals einfach zu verschieden.

Was sich geändert hat? Nicht unbedingt die Welt, sondern unsere Perspektive darauf. Ich hatte nie den klassischen Werdegang. Kein Studium, kein großes Netzwerk, keine Familie mit Kontakten. Aber ich hatte das Gefühl und das Bedürfnis, mein Leben selbst in die Hand nehmen zu müssen. Ohne Ausreden, ohne Umwege, ohne Sicherheiten. Es ging nie darum, dass ich besser sein wollte als andere. Es ging mir darum, mein Potenzial auszuschöpfen. Und genau da haben Dominique und ich uns heute wiedergefunden: in dem Willen, aus sich selbst heraus mehr zu erreichen, als andere einem zutrauen.

Mein Weg war geprägt von Eigenverantwortung, Disziplin und einer gesunden Portion davon, nicht darauf zu hören, was andere sagen. Nicht im Sinne von Gleichgültigkeit, sondern im Sinne von: Ich höre auf, mich zu verbiegen. Ich höre auf, auf Bestätigung zu warten. Ich mache mein Ding. Und dabei ist es egal, wie viele daran zweifeln. Als wir über dieses Buch gesprochen haben, war mir sofort klar: Wenn wir das machen, dann ehrlich. Kein *Instagram*-Gelaber. Es soll nicht der hundertste Erfolgsratgeber mit zehn goldenen Regeln sein, sondern es soll um echte Geschichten, echte Prinzipien, echte Entscheidungen und auch echte Rückschläge gehen. Ich habe viele Fehler gemacht. Ich habe mich überschätzt. Ich bin gescheitert. Aber ich habe nie anderen die Schuld gegeben. Und genau das will ich weitergeben. Du brauchst keine perfekten Voraussetzungen. Du brauchst keine Bestätigung von außen. Du brauchst Klarheit und den Mut, zu handeln.

Wenn du das hier liest, bist du vielleicht an einem Punkt angelangt, an dem du eine Entscheidung treffen musst. Vielleicht fragst du dich, ob du mutig genug bist, deinen eigenen Weg zu gehen. Ich kann dir nur sagen: Du musst es nicht sofort perfekt machen. Du musst nur anfangen.

Letztendlich ist es ganz einfach: Niemand wird kommen und dich retten. Aber du kannst dich selbst retten. Dabei kannst du viel weiter kommen, als du heute glaubst. Genau darum geht es in diesem Buch.

Dominique

Manchmal braucht es einen Zufall, um die eigene Geschichte mit neuen Augen zu sehen. Als ich Patrick nach über 20 Jahren wiedersah, war das genau so ein Moment. Wir hatten damals in der Schule kaum Berührungspunkte. Zwar saßen wir in derselben Klasse, doch unsere Freundeskreise, Interessen und Lebenswege hätten kaum gegensätzlicher sein können. Nach der Schulzeit ging jeder seinen eigenen Weg – ohne zu ahnen, dass wir uns eines Tages wieder begegnen würden.

Eine einfache, unverbindliche Privatnachricht an einen Finanz-Influencer auf *Instagram*, dem ich schon länger folgte, aber nicht wusste, wer er wirklich war, führte schließlich dazu, dass wir uns wieder trafen. Dabei stellten wir fest, dass wir trotz aller Unterschiede eines gemeinsam haben: den unbedingten Willen, aus unseren Möglichkeiten das Beste zu machen.

Was mich an unserem Wiedersehen besonders beeindruckte, war nicht nur, dass wir beide beruflich erfolgreich geworden waren, sondern vor allem, wie unterschiedlich unsere Wege dorthin verliefen. Es gibt nicht den einen richtigen Weg – und schon gar keine Abkürzungen. Erfolg ist kein Zufall, sondern das Ergebnis von Eigenverantwortung, Ausdauer und Loyalität. Genau das möchte ich in diesem Buch vermitteln.

Meine eigene Reise begann früh. Ich erinnere mich noch genau an den Tag, an dem ich meinen ersten Computer kaufte. Meine Mutter war alleinerziehend und musste mit meinem Bruder und mir haushalten – Geld war knapp. Doch als ich mein Kommuniongeld zusammenzählte und entschied, es für einen gebrauchten 386er mit vier oder acht MB Arbeitsspeicher auszugeben, unterstützte sie mich, ohne zu zögern. Sie hatte keine Ahnung von Computern, keine Vorstellung davon, was man damit machen konnte, aber sie vertraute darauf, dass ich eine gute Entscheidung traf. Auch später war ihre einzige

Bedingung: Ich durfte nicht auf der faulen Haut liegen. Dieser Glaube – an mich, an meine Fähigkeiten, an die Zukunft – hat mich geprägt.

Doch es war nicht nur der Computer selbst, der meinen Weg bestimmte. Bevor ich überhaupt mit einem Buch über *Turbo Pascal* mit dem Programmieren beginnen konnte, musste ich erst einmal Englisch lernen. Niemand in meinem Umfeld konnte mir dabei helfen, aber ich wusste: Wenn ich wirklich verstehen wollte, was in diesem Buch stand, musste ich es mir selbst beibringen. Es war nie eine Frage des perfekten Starts, sondern eine Frage der Entschlossenheit, den eigenen Weg zu gehen, auch wenn andere ihn nicht verstehen. Genau darum geht es in diesem Buch.

Wenn du dieses Vorwort liest, hast du vielleicht selbst Zweifel. Vielleicht fragst du dich, ob du es schaffen kannst, ob du das Potenzial hast, ob dein Hintergrund oder deine Umstände dich zurückhalten. Ich kann dir nicht versprechen, dass es einfach wird. Aber ich kann dir sagen: Es lohnt sich.

Am Ende zählt nicht, wo du beginnst, sondern wie weit du bereit bist, zu gehen.

1

AM ANFANG STEHT EINE ENTSCHEIDUNG

Jede Erfolgsgeschichte beginnt mit einer Entscheidung.

Manchmal ist diese Entscheidung ein einziger, klarer Moment, ein Augenblick voller Entschlossenheit, der alles verändert. Manchmal ist sie das Ergebnis eines langen inneren Ringens, begleitet von Zweifeln, Unsicherheiten und der Frage: Bin ich bereit, etwas zu verändern? Doch eines bleibt gleich: Am Anfang eines selbstbestimmten Weges steht immer der Mut, die Richtung zu ändern. Wer Erfolg haben will, und mit Erfolg ist hier nicht nur der berufliche Aufstieg gemeint, sondern auch ein erfülltes, authentisches Leben, der muss bereit sein, die Verantwortung für sich selbst zu übernehmen.

Genau hier beginnt die Reise dieses Buches. Die Geschichte zweier Menschen, die auf den ersten Blick sehr verschieden erscheinen – in Herkunft, Persönlichkeit und Lebensweg. Doch sie eint eine gemeinsame Haltung: Sie haben nicht darauf gewartet, dass andere ihre Probleme lösen, sondern sie haben selbst die Zügel in die Hand genommen.

Dieses Buch ist keine Schritt-für-Schritt-Anleitung zum Erfolg. Es ist kein Versprechen auf Reichtum oder Anerkennung. Stattdessen ist es eine Einladung zur Reflexion. Eine Sammlung von Gedanken, Erfahrungen und Prinzipien, die dazu anregen sollen, den eigenen Weg mutiger, ehrlicher und selbstbestimmter zu gestalten. Es geht um Entscheidungen, um innere Haltungen, um Loyalität und Authentizität, um Rückschläge und darum, wie man daran wächst. Es geht darum, sich selbst treu zu bleiben, auch wenn das bedeutet, gegen den Strom zu schwimmen.

Im Zentrum stehen zwei Lebenswege, die von Resilienz, Eigenverantwortung und konsequenter Entwicklung geprägt sind. Der eine der beiden hat seinen Weg in der Welt der Finanzen und sozialen Medien gefunden und das nicht durch Zufall, sondern durch Beobachtung, das Erkennen von Chancen und das konsequente Umsetzen eigener Ideen. Der andere bewegt sich in einem internationalen Umfeld, zwischen IT und öffentlicher Verantwortung. Auch sein Weg war kein geradliniger, aber stets von einer inneren Klarheit getragen, die sich in jeder Entscheidung widerspiegelt. Gemeinsam zeigen sie, dass Erfolg viele Gesichter hat. Dass es nicht den einen richtigen Weg gibt, sondern viele Wege möglich sind, jedoch nur solange sie ehrlich, durchdacht und konsequent gegangen werden. Ihr Beispiel macht Mut. Denn es beweist: Auch wenn äußere Umstände schwierig sind, auch wenn Zweifel überhandnehmen, am Ende entscheidet die innere Haltung darüber, wohin die Reise geht.

Ein zentrales Thema dieses Buches ist Eigenverantwortung: die Fähigkeit, sich nicht als Opfer der Umstände zu sehen, sondern als Gestalter des eigenen Lebens. Wer ständig auf äußere Einflüsse verweist, bleibt passiv. Wer hingegen bereit ist, Verantwortung zu übernehmen – auch für Fehler und Umwege – der schafft sich Spielraum für Entwicklung. In vielen Kapiteln wird deutlich, dass genau diese Haltung der Schlüssel zu persönlichem Wachstum ist. Ob in finanziellen Krisen, beruflichen Umbrüchen oder privaten Herausforderungen, immer wieder zeigt sich: Wer selbst handelt, statt auf Rettung von außen zu hoffen, findet Lösungen.

Ein weiteres zentrales Thema ist die Bedeutung von Authentizität. In einer Zeit, in der auf sozialen Medien oft ein Bild inszeniert wird, das wenig mit der Realität zu tun hat, ist Ehrlichkeit ein kostbares Gut. Beide Protagonisten dieses Buches haben sich entschieden, keine Rolle zu spielen, sondern echt zu sein – mit Ecken, Kanten und Fehlern. Sie zeigen, dass man sich Respekt nicht durch Selbstdarstellung verdient, sondern durch Konsequenz, Klarheit und Haltung. Wer ehrlich zu sich selbst ist, wird nicht nur glaubwürdiger, sondern auch wirksamer in seinem Handeln.

Die Geschichten, die dieses Buch erzählt, handeln auch vom Umgang mit Rückschlägen: von Enttäuschungen im beruflichen Umfeld, von Momenten der Erschöpfung, vom Gefühl, missverstanden oder übersehen zu werden. Und doch sind gerade diese Erfahrungen oft der Boden, auf dem neues Wachstum entsteht. Es geht darum, nicht im Scheitern stecken zu bleiben, sondern sich bewusst weiterzuentwickeln. Jeder Rückschlag trägt das Potenzial in sich, daraus zu lernen, wenn man bereit ist, ehrlich hinzusehen. Auch das Thema Loyalität zieht sich wie ein roter Faden durch viele Abschnitte dieses Buches. Es geht um die Frage, wie man mit Vertrauen umgeht und was passiert, wenn dieses Vertrauen missbraucht wird. Loyalität ist kein Selbstzweck, sondern eine Haltung, die klare Grenzen braucht. Wer immer wieder enttäuscht wird, muss lernen, rechtzeitig „Nein" zu sagen, ohne sich selbst dabei zu verlieren. Dieses Buch zeigt, wie schwer das manchmal sein kann – und wie befreiend zugleich.

Ein weiteres zentrales Thema ist das Netzwerken. Beziehungen sind nicht nur im beruflichen Kontext entscheidend, sondern auch für die persönliche Entwicklung. Es geht nicht um oberflächliches Kontakteknüpfen, sondern um echte Verbindung. Um das gegenseitige Fördern und Fordern, das gemeinsame Wachsen. Die beiden Protagonisten haben auf unterschiedliche Weise erlebt, wie wichtig es ist, sich mit den richtigen Menschen zu umgeben – Menschen, die inspirieren, die konstruktives Feedback geben, die an einen glauben, wenn man selbst zweifelt.

Schließlich thematisiert das Buch den Mut zur Veränderung. Viele Menschen bleiben in Situationen, die ihnen nicht guttun – aus Angst, Bequemlichkeit oder mangelndem Selbstvertrauen. Doch wer wirklich wachsen will, muss bereit sein, Altes loszulassen. Es geht darum, das eigene Umfeld zu reflektieren und sich zu fragen: Bin ich hier richtig? Entfalte ich mein Potenzial?

Oder laufe ich ständig gegen unsichtbare Wände? Eckart von Hirschhausen beschreibt in seinem Buch *Das Pinguin-Prinzip*[1], dass Pinguine ihre wahre Stärke erst im Wasser entfalten. Dieses Bild mit dem Pinguin, der auf dem Land unbeholfen wirkt, im Wasser aber zur Höchstform aufläuft, bringt dieses Prinzip auf den Punkt: Manchmal liegt das Problem nicht in uns selbst, sondern im Umfeld. Und die größte Veränderung beginnt mit der Entscheidung, dieses Umfeld zu wechseln. Dieses Bild hat uns inspiriert und wird uns mehrfach begegnen.

Dieses Buch ist auch ein Plädoyer für Reflexion. Es geht nicht darum, möglichst schnell Erfolg zu haben. Sondern darum, sich immer wieder zu hinterfragen: Was will ich wirklich? Was sind meine Werte? Lebe ich so, wie es mir entspricht? Die beiden Hauptfiguren haben immer wieder innegehalten, analysiert, angepasst und genau das hat ihren Weg geprägt. Sie haben gelernt, dass Weiterentwicklung nicht durch äußeren Druck entsteht, sondern durch inneres Wachstum.

Vielleicht wirst du dich in manchen Passagen wiederfinden. Vielleicht wirst du überrascht sein, wie viel Parallelen es gibt, auch wenn deine Geschichte ganz anders ist. Dieses Buch will kein Urteil fällen, sondern einladen – zum Nachdenken, zum Handeln, zur Auseinandersetzung mit dem, was dich wirklich antreibt.

Es war kein Zufall, dass die Idee zu diesem Buch auf dem Wasser geboren wurde – und doch lag ihre Besonderheit nicht allein im Moment, sondern auch im Ort. Fernab der glitzernden Skyline Dubais, zwischen schroffen Bergen und stillen Wassern des Stausees bei Hatta, entstand ein Gespräch, das alles ins Rollen brachte. Patrick war zu Besuch in der pulsierenden Metropole, Dominique führte ihn hinaus an die Grenze zum

---

[1] Hirschhausen, Eckart von: *Der Pinguin, der fliegen lernte.* dtv Verlagsgesellschaft, München 2025.

Oman, um ihm diese andere, unaufgeregte Seite der Region zu zeigen.

Auf einem kleinen Elektroboot trafen nicht nur zwei Landschaften aufeinander – das künstlich Geschaffene und das unberührte Natürliche –, sondern auch zwei unterschiedliche Lebenswege. Patrick, geerdet und pragmatisch, und Dominique, getrieben von Neugier und stetigem Wandel, fanden in diesem Augenblick eine gemeinsame Linie. Was vor zwanzig Jahren undenkbar schien, nahm hier Form an: der Entschluss, Erlebtes und Erkanntes nicht für sich zu behalten, sondern zu teilen – nicht aus Eitelkeit, sondern aus dem Wunsch heraus, anderen Impulse zu geben. Es war ein Moment des Innehaltens, des Rückblicks und der Erkenntnis.

Wenn du dieses Buch aufschlägst, begibst du dich auf eine Reise. Nicht durch ein fertiges Konzept, sondern durch echte Geschichten. Geschichten, die zeigen, wie vielseitig Erfolg sein kann. Und dass am Ende nicht Titel, Status oder Besitz zählen, sondern Haltung, Klarheit und der Mut, den eigenen Weg zu gehen.

Dieses Buch ist für alle, die bereit sind, sich selbst besser kennenzulernen. Für alle, die den Mut haben, ehrlich hinzusehen. Für alle, die nicht länger auf die perfekte Gelegenheit warten, sondern bereit sind, selbst zu gestalten. Denn wahre Veränderung beginnt nicht im Außen, sondern in uns selbst. Und jede Erfolgsgeschichte – auch deine – beginnt mit einer Entscheidung.

2

KINDHEIT UND SCHULZEIT

Grundsteine des Charakters

Unsere Kindheit und unsere Schulzeit sind wie das Fundament eines Hauses. Sie bestimmen, auf welcher Basis wir unser Leben aufbauen. In diesen Jahren sammeln wir unsere ersten wichtigen Erfahrungen, lernen, wie Beziehungen funktionieren, und entdecken, wer wir eigentlich sind. Oft merken wir gar nicht, wie sehr uns diese Zeit prägt.

Doch die Menschen, die uns begleiten, die Herausforderungen, die wir meistern, und die kleinen wie großen Erlebnisse formen unser Denken, unsere Werte und unsere Art, die Welt zu sehen. Genau hier werden die Weichen gestellt. Die Weichen für unseren Mut, unseren Selbstwert und unseren Blick auf das Leben. Alles, was wir in diesen Jahren erleben, trägt dazu bei, welche Richtung wir später einschlagen und wie wir mit den Höhen und Tiefen umgehen.

Erinnerst du dich an deinen ersten Geburtstag? An den Moment, als du zum ersten Mal auf eigenen Beinen gestanden und wackelig durchs Zimmer gestolpert bist? Wahrscheinlich nicht. Und doch waren es gerade diese frühen Jahre, die den Grundstein für dein späteres Leben legten. In dieser Zeit, in der unser Bewusstsein noch kaum entwickelt ist, verarbeitet unser Gehirn Millionen von Eindrücken – Geräusche, Gerüche, Mimik, Stimmungen, Berührungen. All das wird tief in unserem Nervensystem gespeichert, ohne dass wir aktiv darauf zugreifen können. Die Wissenschaft spricht hier von der sogenannten „infantilen Amnesie“ – dem Phänomen, dass wir uns an kaum etwas aus den ersten drei Lebensjahren erinnern können. Das heißt aber nicht, dass diese Zeit spurlos an uns vorübergeht. Ganz im Gegenteil.

Was bleibt, sind Emotionen. Das Gefühl, gehalten zu werden. Oder auch nicht. Die Sicherheit, mit einem Lächeln begrüßt zu werden, oder die Irritation, wenn ein wichtiger Blick ausbleibt. Es sind diese emotionalen Grundstimmungen, die sich wie ein unsichtbarer Filter über unser späteres Leben legen. Ob wir der

Welt vertrauen oder sie eher skeptisch betrachten, ob wir uns leicht auf andere einlassen oder lieber auf Distanz gehen. All das hat oft seine Wurzeln in dieser frühen, erinnerungslosen Zeit.

Und genau hier beginnt die unsichtbare Kraft der Prägung. Denn Kinder sind in den ersten Lebensjahren wie ein unbeschriebenes Blatt, das mit jeder Erfahrung beschrieben wird. Wenn wir als Kleinkinder Trost erfahren, wenn wir lernen, dass jemand auf uns reagiert, wenn wir schreien oder lachen, dann entsteht ein tiefes, wortloses Gefühl:

> **Ich bin geborgen. Ich bin wichtig.**
> **Ich werde gesehen.**

Dieses Urvertrauen wird zum inneren Anker, an dem wir uns auch später orientieren. Egal, ob in Beziehungen, im Beruf, in Krisen. Und wenn dieses Vertrauen fehlt? Dann entwickeln wir andere Strategien. Manche werden besonders laut, andere ziehen sich zurück. Manche übernehmen früh Verantwortung, andere testen Grenzen aus. Nicht weil sie „so sind“, sondern weil sie gelernt haben, dass es für sie in ihrer Welt notwendig ist.

Es ist faszinierend und erschütternd zugleich, wie früh bestimmte Dynamiken angelegt werden und wie hartnäckig sie unser Verhalten im Erwachsenenleben beeinflussen können. Menschen, die sich selbst als „People Pleaser“ bezeichnen, haben oft schon als Kinder gelernt, dass sie nur dann Zuneigung bekommen, wenn sie brav, freundlich oder hilfsbereit sind. Andere, die ständig auf der Hut sind, wirken vielleicht kontrolliert oder misstrauisch. Sie haben gelernt, dass Nähe auch Gefahr bedeuten kann.

Gerade deshalb ist es so wichtig, hinzuschauen. Nicht um Schuld zuzuweisen, sondern um Muster zu erkennen. Um zu verstehen, warum wir so fühlen und handeln. Denn solange wir denken, wir hätten uns einfach „schon immer so verhalten“, übersehen wir den entscheidenden Punkt: Verhalten hat Ursachen. Und wenn wir sie erkennen, können wir sie auch ändern.

Vielleicht hast du selbst so eine frühe Erinnerung, die plötzlich aufblitzt: ein schlimmer Sturz von der Schaukel oder eine unerklärliche Angst vor einem Schatten im Kinderzimmer. Diese Fragmente sind oft nicht vollständig, sondern mehr ein Gefühl, ein Bild, ein vages Echo aus einer Zeit, die längst vergangen scheint. Und doch tragen wir all das Unsichtbare in uns. Unsere Persönlichkeit, unsere Ängste und Sehnsüchte – sie alle haben ihren Ursprung in diesen ersten Jahren, selbst wenn wir uns nicht daran erinnern können. Doch wie ist es möglich, dass uns etwas prägt, an das wir uns nicht erinnern? Die Antwort liegt in unserem Unterbewusstsein. Unser Gehirn mag keine klaren Bilder speichern, aber es nimmt alles auf: die Stimmen unserer Eltern, den Klang ihrer Worte, wie sie auf unser Lachen oder Weinen reagieren. Waren sie geduldig? Oder oft gestresst? Haben sie uns liebevoll gehalten oder ungeduldig abgelegt?

Schon in den ersten Lebensmonaten entstehen Muster, die unser Selbstbild und unsere Beziehungen beeinflussen. Und das ist auch gut so, denn ein Kind, das in einer Umgebung aufwächst, in der es sich sicher und geborgen fühlt, wird mit größerer Wahrscheinlichkeit Vertrauen in die Welt entwickeln. Ein Kind, das oft Ablehnung erfährt, wird unbewusst lernen, sich anzupassen, sich zurückzunehmen oder vielleicht besonders laut um Aufmerksamkeit rufen. Diese Prägungen begleiten uns ein Leben lang. Vielleicht wundern wir uns, warum wir manchmal so schnell Angst haben, wenn jemand laut wird, oder warum wir das Bedürfnis haben, es immer allen recht zu machen. Die Wurzeln liegen oft in einer Zeit, an die wir uns nicht erinnern können.

Und das Beste daran: Es ist nie zu spät, sich dieser frühen Prägungen bewusst zu werden. Indem wir verstehen, dass unsere Kindheit – auch wenn sie verschwommen oder vergessen scheint – einen enormen Einfluss auf uns hatte, können wir anfangen, sie nicht nur als Rätsel, sondern als Schlüssel zu begreifen. Ein Schlüssel, der uns hilft, uns selbst besser zu verstehen und vielleicht sogar alte Muster zu durchbrechen.

Es ist klar, dass nicht jeder eine einfache Kindheit oder Schulzeit hat. Die Ausgangspunkte, mit denen Menschen ins Leben starten, sind, wie zuvor beschrieben, unterschiedlich: Einige wachsen in einem stabilen und unterstützenden Umfeld auf, andere müssen bereits früh lernen, mit schwierigen Bedingungen zurechtzukommen. Diese Unterschiede prägen den weiteren Lebensweg maßgeblich und führen dazu, dass jeder Mensch eine ganz eigene Perspektive auf das Leben entwickelt. Aber es zeigt auch, dass man aus jeder Situation das Beste machen kann.

Patrick kommt aus einem schwierigen Elternhaus. Ihm fehlte die nötige Struktur und Orientierung, welche er für ein gesundes Aufwachsen gebraucht hätte. Dadurch war Patrick schon sehr früh das Paradebeispiel für einen Klassenclown. Durch seine Verunsicherung im Leben und der fehlenden Führung fing er schon früh an, viel Unsinn zu treiben, vor allem in der Schule.

Dabei blieb sein Verhalten nicht unbemerkt. Das ging sogar so weit, dass er aus der Grundschule zurück in den Vorschulkindergarten geschickt wurde. Für ein Kind ist das ein harter Schlag, weil es für Kinder sehr schwer nachvollziehbar ist, warum solche Entscheidungen getroffen werden. Sie sagten nicht zu ihm, dass er den Stoff der Grundschule nicht kann, sondern dass er nicht bereit wäre.

Patrick war aber nicht dumm, sondern lebte in seiner eigenen Welt. Dies fiel auch den Lehrern auf. Während sich seine

Mitschüler auf den Unterricht konzentrierten, schweifte er ab und war mit seinem Kopf woanders. Vielleicht war er damit beschäftigt, sich unbewusst Stabilität zu suchen, welche ihm zu Hause fehlte. Oder aber er war einfach in Gedanken gefangen, welche für ein Kind sehr schwer sind. Heute ist ihm klar, dass sie damit nicht seine Intelligenz infrage stellten, sondern seine Fähigkeit, sich in ein System einzufügen, das für ihn keinen Platz hatte. Ein System, das erwartet, dass Kinder sich still hinsetzen, zuhören, gehorchen, während Patrick nach etwas suchte, das er nicht greifen konnte.

Diese frühen Erfahrungen hinterließen Spuren bei Patrick und trugen dazu bei, dass er zu dem Menschen wurde, der er heute ist. Die Unsicherheit von damals verwandelte sich in eine tiefe Entschlossenheit, sich selbst einen Platz in der Welt zu schaffen, und zwar nach seinen eigenen Regeln. Er lässt sich nicht mehr in Systeme pressen, die ihm nicht entsprechen. Stattdessen entschied er sich dazu, seine eigenen Strukturen zu entwickeln. Die Entscheidung, beruflich eigene Wege zu gehen, seine Präsenz auf Social Media zu gestalten und Wissen zu teilen, resultiert aus genau dieser Prägung. Patrick sucht heute keine Anerkennung mehr im Außen, sondern schafft sich Räume, in denen er wirken kann, wie er ist – ohne sich verstellen zu müssen.

Auch Dominique trägt viele Erinnerungen an seine Kindheit in sich, die jedoch auf ganz andere Weise sind. Schon früh lernte er, sich auf sich selbst zu konzentrieren, was ihm half, ein selbstbewusstes und glückliches Leben zu führen. Der Satz seiner Oma:

> **Guck auf dich, da hast du genug zu tun!**

wurde zu einem inneren Leitspruch, der ihm immer wieder Kraft gab. Diese Einstellung prägte ihn: Statt sich mit anderen zu vergleichen oder sich in unnötigen Konflikten zu verlieren, fokussierte er sich auf seine eigenen Ziele. Auch heute noch spiegelt sich diese Klarheit in seiner Art zu denken, zu arbeiten und zu leben wider. Ob im Beruf, im Studium oder im politischen Engagement – Dominique verfolgt seine Vorhaben mit Disziplin und Konsequenz. Die wunderbare Fähigkeit, langfristig zu denken, sich nicht beirren zu lassen und Rückschläge als Teil des Weges zu betrachten, ist direkt mit seinen frühen Erfahrungen verbunden. Er hat gelernt, sich selbst zu regulieren, eigenständig zu handeln und sich nicht davon abhängig zu machen, was andere denken.

Wenn wir uns mit unserer Kindheit verbinden, können wir erkennen, dass die Erfahrungen, die wir in dieser Zeit gemacht haben, einen großen Einfluss auf unser heutiges Verhalten haben. Sie sind mehr als nur Geschichten aus der Vergangenheit, sie sind aktive Kräfte, die unser heutiges Verhalten formen. Auch du kannst diese Einflüsse verstehen. Und wenn du sie verstehst, kannst du sie auch bewusst nutzen. Auch Patrick und Dominique machen das beide auf ihre Art und Weise.

Frühe Prägungen sind kein Schicksal, jedoch sind sie der Ausgangspunkt. Und wer bereit ist, sich mit diesen unbewussten Geschichten auseinanderzusetzen, wird oft überrascht feststellen, wie viele Entscheidungen, Konflikte oder Unsicherheiten gar nicht im Hier und Jetzt entstanden sind, sondern viel früher. Das ist keine Vergangenheitsbewältigung, sondern ein Schlüssel zur Selbstwirksamkeit.

Was bleibt: Schulrollen, Selbstbilder und stille Prägungen

Während der Schulzeit nehmen Schüler oft bestimmte Rollen ein, die durch ihr Verhalten, ihre Interessen oder ihr soziales Umfeld geprägt sind. Dabei gibt es keine starren Rollen, sondern diese Rollen können sich im Laufe der Zeit ändern.

Dennoch lassen sich einige typische Gruppen beobachten. Wir haben bereits festgestellt, dass Patrick zu seiner Schulzeit ein klassischer Klassenclown war. Es gibt aber auch beispielsweise die sportlichen Schüler, die besonders aktiv in Schulmannschaften, Sportvereinen oder im Fitnessstudio sind. Sie zeichnen sich häufig durch Disziplin, Ehrgeiz und Teamgeist aus und genießen meist ein hohes Ansehen – wobei das eher das typische Klischee von amerikanischen Highschools widerspiegelt.

Die „Coolen" erscheinen oft als Idealbild: charismatisch, selbstbewusst, im sozialen Zentrum der Klasse. Sie geben den Ton an, setzen Modetrends und schaffen es, mit wenigen Worten ganze Gruppen in Bewegung zu setzen. Viele orientieren sich an ihnen, andere distanzieren sich bewusst. Sie sind selten allein – und doch oft nicht ganz sie selbst. Hinter dem selbstbewussten Auftreten verbirgt sich nicht selten ein Bedürfnis nach Anerkennung, eine Unsicherheit, die geschickt überspielt wird. Diese Rolle kann anstrengend sein, weil sie wenig Raum für Schwäche oder Selbstzweifel lässt.

Auf der anderen Seite gibt es die Streber, ehrgeizige Schüler, die in der Regel gute Noten anstreben und sich intensiv mit dem Unterrichtsstoff auseinandersetzen. Streber müssen sich aber nicht unbedingt nur mit den Themen des Unterrichts beschäftigen, sondern sind oft an vielen neuen Dingen interessiert und wollen alles darüber wissen. Sie werden manchmal bewundert, aber auch belächelt, vor allem wenn sie ihre

Leistungen zur Schau stellen oder als Besserwisser auftreten. Dabei steckt hinter ihrem Verhalten oft echtes Interesse und der Wunsch, aus eigener Kraft etwas zu erreichen.

Und dann gibt es noch die Frauenhelden. Charismatische Schüler, die durch ihr Aussehen, ihren Humor oder ihr Auftreten viel Aufmerksamkeit auf sich ziehen. Vor allem bei Jungen gelten sie oft als Statussymbol. Sie werden zur Projektionsfläche für Wünsche, Sehnsüchte oder Neid. Sie genießen die Aufmerksamkeit, wirken souverän, aber oft steckt auch ein Bedürfnis dahinter: nach Zugehörigkeit, Bestätigung oder dem Gefühl, „genug" zu haben.

Rebellen gehören ebenfalls zu den typischen Rollen in der Schule. Sie stellen Autoritäten infrage, ignorieren Regeln oder wenden sich offen gegen Lehrer und das Schulsystem. Sie haben oft eine starke Persönlichkeit, wirken unangepasst und werden von bestimmten Gruppen respektiert. Ihre Ablehnung von Strukturen kann Ausdruck tieferliegender Erfahrungen sein – Frustration, Ungerechtigkeit oder das Gefühl, nicht gesehen zu werden. Rebellion ist nicht immer ein Zeichen von Destruktivität, manchmal ist es der Versuch, sich Gehör zu verschaffen.

Die unterschiedlichen Rollen in der Schule bringen leider auch ein ernstes Thema mit sich: Mobbing – ein Phänomen, das sich in vielen Klassenzimmern auf leise, aber zerstörerische Weise abspielt. Es beginnt oft harmlos: ein abschätziger Blick, ein flapsiger Kommentar, ein bewusstes Ausgrenzen aus der Gruppe. Doch aus einzelnen Gesten wird schnell ein Muster. Mobbing ist kein einmaliges Ereignis, sondern ein systematischer, wiederholter Angriff auf die Würde und das Selbstwertgefühl eines Menschen.

Es gibt Schüler, die andere durch verbale oder körperliche Angriffe schikanieren, um sich selbst aufzuwerten, Macht zu demonstrieren oder Unsicherheiten zu überspielen. Nicht selten sind die Täter selbst Teil eines instabilen sozialen Umfelds und kompensieren ihre eigene Schwäche, indem sie andere kontrollieren. Es geht um Dominanz, um die Sicherung der eigenen Position in der Hierarchie. Und genau deshalb ist Mobbing kein „Schülerproblem", sondern ein Spiegel sozialer Dynamiken, die viel über das Klima an einer Schule aussagen.

Die Opfer sind häufig schüchterne, zurückhaltende oder sozial isolierte Schüler. Oft genügt es, „anders" zu sein – sei es durch Herkunft, Aussehen, Verhalten oder Interessen –, um zur Zielscheibe zu werden. Was für den einen ein leichtfertiger Scherz ist, kann beim anderen tiefe Wunden hinterlassen. Die psychischen Folgen sind gravierend: Angstzustände, Schlafstörungen, sozialer Rückzug, Leistungsabfall in der Schule bis hin zu Depressionen. In schweren Fällen kann Mobbing das gesamte Selbstbild eines jungen Menschen erschüttern und Narben hinterlassen, die bis ins Erwachsenenalter reichen.

Mobbing entsteht aber nicht im luftleeren Raum. Es ist das Ergebnis von Gruppendruck, Ängsten und unausgesprochenen Machtverhältnissen. Viele schauen weg, weil sie nicht selbst zur Zielscheibe werden wollen. Andere machen mit, weil sie dazugehören wollen. Und genau hier beginnt die Verantwortung aller Beteiligten: von Mitschülern, die den Mut haben, sich schützend vor ein Opfer zu stellen; von Lehrern, die hinschauen, zuhören und eingreifen; von Eltern, die aufmerksam bleiben und ihr Kind ernst nehmen.

Ein Umfeld, in dem Mobbing nicht benannt und bekämpft wird, sendet ein fatales Signal: Schweigen ist bequemer als Zivilcourage. Dabei zeigt sich gerade hier, wie wichtig es ist, schon in jungen Jahren Haltungen und Werte wie Loyalität, Gerechtigkeitssinn und Empathie zu vermitteln. Schüler wie Patrick, die nach außen cool wirken, sich aber bewusst nicht am Mobbing beteiligen, zeigen, dass innere Stärke sich nicht immer lautstark äußert. Und Schüler wie Dominique, die still ihre Ziele verfolgen, aber klare moralische Grenzen ziehen, verkörpern, was viel zu selten gesehen wird: dass wahre Größe nicht darin liegt, andere klein zu machen, sondern ihnen auf Augenhöhe zu begegnen.

In einer Welt, die immer lauter und rücksichtsloser zu werden scheint, ist es umso wichtiger, schon in der Schule ein Bewusstsein für diese Themen zu entwickeln. Denn der Umgang mit Schwächeren sagt mehr über eine Gemeinschaft aus als jede noch so gute Schulnote. In der weiterführenden Schule kam der Zeitpunkt, an dem Patrick und Dominique aufeinandertrafen. Beide waren in derselben Klasse, haben aber nie wirklich ein Wort miteinander gewechselt. Sie waren das komplette Gegenteil und hatten sehr unterschiedliche Rollen in der Schulzeit. Müsste man beide in bestimmte Rollen einteilen, dann war Patrick wohl der Frauenheld, der Klassenclown und damit vermutlich auch ein bisschen ein Rebell. Dominique war eher das Gegenteil. Ihn würde man eher der Kategorie Streber zuordnen, er interessierte sich für viele spannende Sachen und lernte gerne Neues. Er war eher zurückgezogen und stand nicht gerne im Mittelpunkt.

Dabei übernahm Patrick die Rolle als Klassenclown nicht aus dem Grund, dass er gerne Menschen unterhalten hat oder witzig sein wollte, sondern aus einer Notwendigkeit heraus. Während der Schulzeit hat er kaum Hausaufgaben gemacht und fälschte stattdessen die Unterschrift seiner Mutter, als wäre es eine Selbstverständlichkeit. Verantwortung und Konsequenzen waren für ihn abstrakte Begriffe und seine Realität bestand darin, Wege zu finden, sich durch das System zu mogeln, anstatt sich aktiv einzubringen.

Nachts verließ er heimlich das Haus, traf sich mit seinen Freunden und zog durch die Stadt. Diese Nächte waren für ihn ein Abenteuer und gaben ihm ein kleines Stück Freiheit. Doch eine Freiheit ohne Ziel kann zur Falle werden. Rückblickend hätte er sich gewünscht, dass jemand ihm damals gesagt hätte, dass es auch andere Wege gibt, um mit seinen Unsicherheiten umzugehen.

Ein Kontrast dazu war Dominique, ein ruhiger Beobachter. Dominique und Patrick nahmen sich während der Schulzeit kaum wahr und das, obwohl sich ihre Wege kreuzten. Jedoch lebte jeder von beiden in unterschiedlichen Welten. Erst als Patrick einmal eine bessere Note schrieb, wurde Dominique auf ihn aufmerksam. Er konnte es nicht auf sich sitzen lassen, dass jemand wie Patrick eine bessere Note als er schrieb. Doch dieser Moment blieb eine Ausnahme.

Patrick wollte bei seinen Mitschülern gut ankommen und hatte seine Rolle perfektioniert. Dominique erkannte später, dass hinter Patricks Fassade mehr steckte als nur der Wunsch nach Aufmerksamkeit. Mit dem Älterwerden veränderten sich beide – ihre Wahrnehmung füreinander, aber auch ihr Verständnis für die Rollen, die sie einst spielten.

Dominique nahm das Verhalten seiner Mitschüler genau wahr und bemerkte früh die verschiedenen Rollen, die sich innerhalb einer Klasse bildeten. Streber auf der einen Seite, Klassenclowns auf der anderen und zwischen ihnen viele andere, die sich entweder einfügten oder versuchten, ihre eigene Nische zu finden. Während Patrick sich oft verstellte, um gemocht zu werden, erkannte Dominique, dass diese Fassade nicht unbedingt das wahre Ich widerspiegelte:

> **Patrick wollte damals gut ankommen, deshalb spielte er die Rolle des Lustigen.**

Diese Einsicht kam mit dem Älterwerden – die Erkenntnis, dass viele Schüler nicht aus freiem Willen in ihre Rollen schlüpfen, sondern von ihren Lebensumständen geprägt werden.

Eine derartige Konkurrenz konnte sowohl motivierend als auch zermürbend wirken. Wer in einem instabilen Umfeld aufwuchs, musste oft extreme Entscheidungen treffen, entweder daran zerbrechen oder in die andere Richtung gehen. Patrick entschied sich für Letzteres. Während es zu Hause ruhig war, suchte er außerhalb das Chaos:

> **„ Wenn ich unterwegs war, war Terror.**

Mit diesen Worten beschrieb er später sein Verhalten. Dieses ständige Wechselspiel zwischen Anpassung und Rebellion prägte viele seiner Mitschüler, nicht nur ihn.

Dominique hat sich nie wirklich angepasst, sondern sich stets auf seinen eigenen Weg konzentriert. Dabei half ihm, wie bereits erwähnt, vor allem ein Satz, den seine Großmutter ihm immer wieder mit auf den Weg gab:

> **„ Guck auf dich, da hast du genug zu tun!**

Das hat ihm geholfen, sich auf sich selbst zu konzentrieren und seine eigene Verantwortung zu übernehmen. Statt sich von anderen ablenken zu lassen, lernte er, sich selbst zu motivieren und konsequent an seinen Zielen zu arbeiten.

Das soziale Umfeld spielt, wie bereits betont, eine entscheidende Rolle dabei, welche Identität Schüler annehmen. Manche wählen den Weg des geringsten Widerstands, andere kämpfen bewusst gegen das System. Patrick erkannte im Laufe der Zeit, dass das Umfeld einen extrem großen Einfluss hat, weshalb er schließlich *Deine Extrameile* gründete – ein Versuch, Menschen zu zeigen, wie stark das Umfeld das Leben prägen kann.

Dominique wiederum bewegte sich am Rand dieser sozialen Dynamiken. Nicht aus Schwäche, sondern aus einer bewussten Entscheidung heraus: Er wollte sich nicht in Gruppenstrukturen einordnen lassen, die sich für ihn nicht echt anfühlten. Er war kein geselliger Typ. Er gehörte nicht zu denjenigen, die sich in den Pausen in großen Cliquen bewegten oder Aufmerksamkeit suchten. Im Gegenteil, er empfand es oft als angenehm, wenn andere ihm nicht zu nahe kamen. Nähe bedeutete auch Verletzlichkeit und gerade in der Schule konnte das schnell zum Risiko werden. Stattdessen konzentrierte er sich auf seine Interessen und baute sich eine eigene Welt, in der er nicht funktionieren musste, sondern einfach er selbst sein konnte. Diese Form der Selbstabgrenzung war für ihn kein Rückzug, sondern ein Schutzraum, in dem er Kraft schöpfen konnte.

Seine Ausgrenzung war selten offen oder aggressiv, sondern eher still und beiläufig. Andere nahmen ihn kaum wahr oder verstanden ihn nicht. Was für viele Mitschüler belanglos erschien – ein abgewandter Blick, das Übersehenwerden in einer Gruppenarbeit – konnte sich bei ihm als prägende Erfahrung festsetzen. Es war nicht ein einzelnes Ereignis, das ihm das Gefühl gab, außen vor zu sein, sondern eine Summe kleiner Gesten, die ihm suggerierten, dass er nicht dazugehörte. Und obwohl er das nie offen aussprach, wusste er insgeheim, dass sich diese Rollenbilder tief einprägten – nicht nur in sein eigenes Selbstbild, sondern auch in die Art, wie andere ihn wahrnahmen.

Diese Rollenverteilung in der Schulzeit ist somit nicht nur eine Frage der Persönlichkeit, sondern wird auch stark durch äußere Umstände beeinflusst. Die Streber, die Klassenclowns, die Rebellen und die Stillen – sie alle sind Produkte ihrer Umgebung, ihrer Erfahrungen und der Menschen, die sie begleiten.

Für viele ist die Schulzeit eine Orientierungsphase, doch sie ist gleichzeitig ein Brennglas: Sie zeigt, wie soziale Mechanismen funktionieren, wer dazugehört, wer ausgeschlossen wird, wer eine Stimme hat und wer verstummt. Diese Dynamiken sind nicht mit dem letzten Schultag vorbei. Sie hinterlassen Spuren. Denn das, was wir in der Schule über Zugehörigkeit, Leistung und Identität lernen, begleitet uns oft weit über das Jugendalter hinaus. Menschen, die in der Schulzeit gelernt haben, sich selbst zu genügen, tragen diese Unabhängigkeit auch ins Erwachsenenleben. Wer früh erfahren hat, wie es ist, ausgegrenzt zu werden, entwickelt oft ein feines Gespür für Zwischentöne, aber auch Strategien, um sich emotional zu schützen. Manche werden dadurch besonders loyal gegenüber ihren Nahestehenden. Andere tragen einen stillen Zweifel in sich, ob sie je wirklich dazugehören werden.

Patrick und Dominique wählten völlig unterschiedliche Rollen, doch beide entwickelten ein Bewusstsein dafür, wie stark soziale Strukturen uns formen können. Für Patrick war es das ständige Spiel mit der Aufmerksamkeit, das Jonglieren mit Erwartungen und das Streben nach Anerkennung. Dominique beobachtete hingegen still und blieb konsequent bei sich, auch wenn es bedeutete, allein dazustehen. Diese Wege waren keine bewussten Strategien, sondern entwickelten sich aus dem Wunsch heraus, in einer komplexen Welt irgendwie zurechtzukommen.

Was sie später verband, war nicht ihre Schulzeit, sondern die Erkenntnis, dass früh erlernte Muster sich auch im späteren Leben fortsetzen. Die Art, wie man mit anderen umgeht, wer einem wichtig ist und wofür man bereit ist, einzustehen – all das wird oft unbewusst in der Jugend geprägt. Und auch wenn sich die Rollen mit der Zeit verändern, bleibt eines konstant: das Bedürfnis, gesehen und verstanden zu werden.

Die Schule ist mehr als ein Ort der Wissensvermittlung, sie ist eine Bühne, auf der wir Rollen einüben, Masken aufsetzen und unser Verhalten ausprobieren. Manche dieser Rollen helfen uns, andere stehen uns im Weg. Entscheidend aber ist: Wir können sie erkennen und wenn wir wollen, auch verändern. Die Auseinandersetzung mit den eigenen Prägungen ist kein nostalgischer Blick zurück, sondern ein mutiger Blick nach vorn.

Loyalität: Ein Grundstein mit lebenslanger Wirkung

Größer hätte der Unterschied zwischen Patrick und Dominique nicht sein können. Im Nachhinein betrachtet gab es aber eine entscheidende Gemeinsamkeit: Beide legten enormen Wert auf Loyalität. Eine Eigenschaft, welche sich bei beiden bis heute durchzieht und einen enorm hohen Stellenwert im jeweiligen Leben hat.

Dieser Wert zeigte sich schon in der Schulzeit, subtil, aber tief verankert. In einem Umfeld, das von Rollenbildern, Gruppendruck und auch Ausgrenzung geprägt war, erwies sich Loyalität als eine innere Haltung, die sich nicht an der Meinung der Masse orientierte. Gerade im Zusammenhang mit dem Thema Mobbing wurde deutlich, wie wichtig dieser Wert ist: Während einige Schüler wegschauten oder sogar mitmachten, hielten sich andere bewusst heraus – geleitet von einem inneren Gerechtigkeitsempfinden. Patrick war so einer. Er gehörte zu den Beliebten, aber obwohl er die Macht gehabt hätte, andere öffentlich bloßzustellen, hielt er sich konsequent zurück. Er beteiligte sich nie aktiv am Mobbing und distanzierte sich innerlich von dieser Dynamik. Sein Verhalten war – bewusst oder unbewusst – Ausdruck von Loyalität gegenüber denen, die keine Stimme hatten.

Doch Loyalität ist mehr als nur ein Wort. Es ist eine Haltung, die sich in kleinen, aber bedeutenden Handlungen zeigt. Loyalität zeigt sich in der Unterstützung von Schwächeren und der Treue gegenüber Freunden, selbst in schwierigen Situationen.

Loyalität schafft Vertrauen, stärkt Bindungen und bildet das Fundament stabiler sozialer Beziehungen. Loyalität zeigt sich nicht nur, wenn man andere schützt und unterstützt, sondern auch, wenn man sich aufeinander verlassen kann, gerade in schwierigen Zeiten. In einer Welt, die oft von Unsicherheit und Egoismus geprägt ist, ist Loyalität ein wichtiger Wert. Sie macht den Unterschied zwischen oberflächlichen Bekanntschaften und tiefen, lebenslangen Verbindungen.

> **Loyalität bedeutet, sich für andere einzusetzen, auch wenn es keinen direkten Vorteil bringt.**

Beide haben früh gemerkt, dass alles irgendwann zurückkommt. Und auch wenn bestimmte Handlungen keinen direkten Vorteil gebracht haben, kam der Vorteil auf andere Art und Weise wieder zurück. Wahre Loyalität verlangt kein Lob, keine Gegenleistung, sie kommt aus dem Herzen.

In einer Welt, die oft auf Nutzen und Profit bedacht ist, ist Loyalität ein stiller Beweis für Charakter und Integrität. Sie bedeutet, an jemanden zu glauben, wenn andere bereits aufgegeben haben, und für jemanden einzustehen, selbst wenn es niemand sieht.

Loyalität ist ein Wert, der sich bereits früh in der Kindheit und Schulzeit zeigt. Sie kann sich auf verschiedene Weisen äußern – sei es durch den Schutz von Freunden, das Eintreten für andere oder durch das bewusste Fernbleiben von ungerechtem Verhalten. Patrick, der als Klassenclown oft seinen eigenen Weg ging, zeigte schon früh eine ausgeprägte Loyalität. Trotz seiner Beliebtheit bewahrte er stets ein feines Gespür für Gerechtigkeit und hielt sich, wie zuvor beschrieben, lieber aus den Machtspielchen seiner Mitschüler heraus.

Loyalität und Hilfsbereitschaft sind zwei Aspekte, die häufig Hand in Hand gehen. Wer loyal ist, bezeugt nicht nur Loyalität gegenüber seinen Freunden, sondern zeigt auch die Bereitschaft, anderen zu helfen, selbst wenn daraus kein direkter Vorteil entsteht. Hilfsbereitschaft ist eine sichtbare Form von

Loyalität, die sich in kleinen Gesten ebenso zeigt wie in großen Entscheidungen. Ein Mensch, der loyal ist, fühlt sich verpflichtet, für andere da zu sein, sei es in schwierigen Zeiten oder im Alltag. Diese Verbindung zwischen Loyalität und Hilfsbereitschaft ist von entscheidender Bedeutung für das soziale Miteinander, da sie Vertrauen schafft, Bindungen stärkt und die Grundlage für ein unterstützendes Umfeld bildet. Insbesondere in der Schulzeit, in der soziale Strukturen noch im Wandel sind, zeigt sich der Wert dieser Eigenschaften. Wer loyal und hilfsbereit ist, gibt nicht nur anderen Sicherheit, sondern entwickelt auch eine starke persönliche Integrität, die ihn durch das ganze Leben begleitet.

Ein bemerkenswertes Beispiel für Patricks Hilfsbereitschaft zeigte sich im Umgang mit einer Lehrerin, die auf einen Rollstuhl angewiesen war. Während andere Schüler an ihr vorbeigingen, nahm Patrick sich jeden Morgen die Zeit, um sie vom Auto in die Schule zu begleiten. Ohne Aufforderung schob er sie in das Schulgebäude und stellte sicher, dass sie sicher ankam. Diese Geste war für ihn selbstverständlich und zeigte, dass Loyalität und Hilfsbereitschaft für ihn wichtige Werte waren und vor allem immer noch sind. Diese Verhaltensweisen deuten darauf hin, dass Loyalität nicht zwangsläufig mit Regelkonformität oder einem strikten moralischen Kodex verbunden sein muss. Vielmehr kann sie sich in kleinen Gesten und alltäglichen Handlungen widerspiegeln. In einer Zeit, in der viele junge Menschen noch ihren Platz suchen, kann Loyalität eine erste Konstante sein, die sich im Charakter manifestiert.

Und gerade weil sich diese besondere Loyalität so früh im Leben zeigt, prägt sie auch den weiteren Weg ins Erwachsenenleben. Wenn Menschen in jungen Jahren lernen, für jemanden einzustehen oder sich loyal zu verhalten, dann entwickelt sich häufig eine tiefere soziale Kompetenz. Sie haben die wunderbare Fähigkeit, stabile Beziehungen aufzubauen, langfristige

Freundschaften zu pflegen und auch in beruflichen Situationen Verlässlichkeit zu zeigen. Die besondere Verbundenheit, die wir in der Schulzeit entwickeln, kann uns später im Leben leiten – und zwar in positiven wie in negativen Momenten. Wenn wir schon früh erfahren, dass wir uns auf jemanden verlassen können, prägt sich dieses Bild in unserem Herzen ein. Und umgekehrt: Wer früh erlebt, dass Loyalität ausgenutzt oder nicht erwidert wird, entwickelt oft Schutzmechanismen oder ein Misstrauen, das bis ins Erwachsenenalter wirkt.

Auch bei Dominique war die Loyalität schon früh spürbar, wenn auch auf eine eher ruhige Art. Er war kein Mensch großer Worte, aber wenn er zu jemandem stand, dann aus Überzeugung. Schon in der Schulzeit war er ein integres Kind, das andere nicht bloßstellte oder sich für kurzfristige Vorteile verbog. Er hatte ein wunderbares Gespür für Fairness, auch wenn er es nicht immer laut aussprach. Später sollte genau diese ruhige, aber konsequente Haltung zu einem wichtigen Ankerpunkt in seinem Leben werden.

Einen wichtigen Schub erhielt dieses Loyalitätsverständnis durch eine prägende Erfahrung in seiner Jugend: Als Teil einer Schützenbruderschaft lernte Dominique, was es bedeutet, füreinander einzustehen – einer für alle, alle für einen. Diese Erfahrung vermittelte ihm ein starkes Gefühl von Zusammenhalt und gegenseitiger Unterstützung. Doch mit der Zeit stellte er fest, dass diese Form der Loyalität Bedingungen hatte: Sie funktionierte nur, solange man sich den Erwartungen der Gruppe vollständig anpasste. Sobald man aus der Norm fiel oder unbequeme Fragen stellte, kippte das Verhältnis. Dominique erkannte, dass wahre Loyalität nicht von Konformität abhängen darf, sondern davon, ob man auch dann noch zu jemandem steht, wenn es unbequem wird. Diese Erkenntnis prägte seinen späteren Umgang mit Gruppen, Bindungen und Prinzipien maßgeblich.

Loyalität erfordert auch Mut. Es ist nicht immer einfach, zu jemandem zu stehen, insbesondere, wenn die Mehrheit der Umgebung eine andere Meinung vertritt. Genau das beweist doch, wie stark die Loyalität eines Menschen ist! Ein loyaler Mensch lässt sich nicht von äußeren Einflüssen leiten, sondern folgt seinen inneren Werten und Überzeugungen. Es ist diese Art von Mut, die uns inspiriert und uns dazu bringt, für die Menschen in unserem Leben einzustehen. Patrick und Dominique verkörpern diese Haltung auf herausragende Weise.

Es ist beeindruckend, wie sie ihre Loyalität beweisen, auch wenn sie nicht immer sofort anerkannt wird. Häufig wird Loyalität als selbstverständlich angesehen, bis sie fehlt. Es braucht oft Zeit, um zu erkennen, wer wirklich loyal ist und wer nur vorgibt, es zu sein. Wahre Loyalität zeigt sich besonders in schwierigen Situationen, wenn es darauf ankommt, wer bleibt und wer geht.

Patrick und Dominique haben erlebt, dass Loyalität manchmal auch Opfer bedeutet. Es bedeutet, eigene Vorteile aufzugeben, um einem Freund zu helfen, oder auf etwas zu verzichten, um jemanden zu unterstützen. Diese Haltung mag in einer leistungsorientierten Gesellschaft nicht immer verstanden werden, doch sie führt langfristig zu echten und belastbaren Beziehungen.

Loyalität schafft Vertrauen und Vertrauen ist die Grundlage für tiefe zwischenmenschliche Verbindungen. Wer loyal handelt, stärkt nicht nur die Beziehung zu anderen, sondern auch seine eigene Glaubwürdigkeit. Es ist die großartige Fähigkeit, für andere da zu sein, auch wenn es schwerfällt, und nicht nur dann, wenn es leicht ist. Loyalität ist ein Prüfstein für Charakterstärke sowie für Integrität. Sie zeigt sich nicht in großen Worten, sondern in beständigen Taten. Loyalität ist nicht nur laut, sondern vor allem leise. Sie ist die stille, aber entschlossene Handlung in Momenten, die Treue erfordern.

3

KARRIEREWEGE

Unterschiedliche Methoden, gleiche Prinzipien

Der Weg zum Erfolg ist selten gerade und vorhersehbar – er ist ein aufregendes Abenteuer voller spannender Wendungen, herausfordernder Rückschläge und überraschender Entwicklungen. Es ist eine Reise, auf die wir uns einlassen können. Jeder Mensch hat seine eigene Vorstellung davon, was Erfolg bedeutet und wie man ihn erreicht. Manche Menschen verfolgen ihren beruflichen Aufstieg mit einem Plan, während andere lieber ausprobieren, scheitern und neu anfangen. Aber es gibt auch zentrale Prinzipien, die langfristig zum Erfolg führen. Beharrlichkeit, Flexibilität, Selbstvertrauen und die Fähigkeit, sich immer wieder neu zu erfinden.

Dieses Kapitel ist eine aufregende Reise durch die Leben und Karrierewege von Patrick und Dominique. Es erzählt von zwei Menschen, die auf den ersten Blick gegensätzlich erscheinen, bei näherem Hinsehen jedoch faszinierende Gemeinsamkeiten aufweisen.

Patrick und Dominique wurden beide beruflich erfolgreich, aber mit völlig unterschiedlichen Ansätzen und Denkweisen. Während Patrick seinen Erfolg über die Finanzwelt und den Aufbau einer Social-Media-Präsenz fand, konzentrierte sich Dominique auf den Aufbau einer Karriere im IT-Bereich. Ihre Herangehensweisen mögen sich unterscheiden, aber sie verbindet eine gemeinsame Einstellung gegenüber Herausforderungen, Misserfolgen und persönlichen Prinzipien.

In Deutschland gibt es ein klares, gesellschaftlich tief verankertes Bild vom „richtigen" Karriereweg: Man macht einen guten Schulabschluss, entscheidet sich für eine solide Ausbildung oder ein Studium, sammelt Berufserfahrung und arbeitet sich Stück für Stück innerhalb eines Unternehmens oder einer Branche nach oben. Dieser Weg gilt als sicher, verantwortungsvoll und bewährt. Er steht für Beständigkeit, Disziplin und Planungssicherheit. Wer sich daran hält, erfüllt die Erwartungen von Arbeitgebern, Familien und gesellschaftlichen Institutionen.

Er bekommt Anerkennung, ein regelmäßiges Einkommen und vermeintliche Stabilität.

Viele junge Menschen spüren diesen Druck bereits in der Schulzeit. Lehrer und Eltern wiederholen gebetsmühlenartig die Formel:

> **Mach was Sicheres, etwas mit Zukunft.**

Es ist wichtig, zu verstehen, dass nicht jeder Mensch in dasselbe Raster passt. Dominique wurde schon früh als „akademischer Typ“ gesehen, während Patrick eher als jemand empfunden wurde, der etwas Praktisches machen sollte. Das lag nicht daran, dass er nicht fähig war, sondern daran, wie er auf andere wirkte. Solche Zuschreibungen prägen. Sie können Türen öffnen – oder verschließen.

Das Prinzip dahinter ist klar: möglichst wenige Brüche, wenig Risiko, klarer Fokus auf Sicherheit. Viele Eltern vermitteln ihren Kindern diesen Weg als die einzig wahre Option. Die Angst vor dem Scheitern und dem damit verbundenen sozialen Abstieg spielt dabei eine große Rolle. Wer den sicheren Job bei einer Bank, Versicherung oder in der Verwaltung wählt, hat aus dieser Sicht alles richtig gemacht. Und viele tun das auch, weil sie nicht gelernt haben, dass es Alternativen gibt.

Und es ist wichtig, sich vor Augen zu führen, dass nicht alle mit den gleichen Chancen starten. Gerade Patrick spürte früh, dass ihm Zugänge fehlten, die andere von zu Hause mitbrachten. Ein Netzwerk, Vorbilder im Beruf, ein Vater mit akademischer Laufbahn – all das gab es bei ihm nicht. Klassismus, also die Abwertung aufgrund der sozialen Herkunft, begegnete ihm nicht offen, aber unterschwellig immer wieder: in Bewerbungen, im Verhalten von Ausbildern oder im Bildungssystem selbst. Es ist bewundernswert, wie er sich seinen Weg bahnte, und das trotz aller Widrigkeiten. Seine Widerstandskraft und sein unerschütterlicher Wille, sich nicht definieren zu lassen, begleiteten ihn auf diesem Weg.

Genau dieses übertriebene Sicherheitsdenken führt oft dazu, dass Menschen in Karrieren stecken bleiben, die ihnen eigentlich gar nicht entsprechen. Sie verharren in Strukturen, die ihnen keine Erfüllung geben, nur weil es eben der „normale" Weg ist. Statt sich zu fragen:

- Was will ich wirklich?

fragen sie sich:

- Was ist sicher?
- Was wird von mir erwartet?
- Was kann ich im Lebenslauf rechtfertigen?

Das Resultat sind Lebensläufe, die auf dem Papier zwar perfekt aussehen, in Wirklichkeit aber oft innerlich leer sind.

Gerade Patrick musste lernen, sein Denken zu verändern, bevor sich sein Leben verändern konnte. Früher dachte er in Tagen, heute denkt er in Jahren. Es brauchte Reflexion, Rückschläge und den Mut, alte Muster zu hinterfragen. Dominique wiederum lebte diese Struktur von Beginn an. Doch auch er musste eines Tages lernen, dass nicht alles planbar ist, besonders nicht im internationalen Kontext.

Besonders in einer Welt, in der sich Arbeitsmärkte rasant verändern, alte Berufe verschwinden und neue Chancen entstehen, gerät dieses klassische Modell immer stärker ins Wanken. Die Idee, 40 Jahre lang in derselben Firma zu bleiben, wirkt auf viele junge Menschen inzwischen nicht mehr erstrebenswert, sondern beklemmend. Stattdessen sind Flexibilität, Sinnhaftigkeit und persönliche Entfaltung wichtiger denn je.

Patrick und Dominique zeigen mit ihren sehr unterschiedlichen Wegen, dass es nicht „den einen“ richtigen Karriereweg gibt. Ihr Beispiel macht deutlich, dass es vor allem darum geht, herauszufinden, was zu einem selbst passt – und den Mut zu haben, genau diesen Weg auch zu gehen. Ob man dabei Umwege macht, einmal scheitert oder bewusst gegen Konventionen handelt, spielt keine Rolle. Entscheidend ist, dass man seiner eigenen Richtung folgt.

Schon während der Schulzeit war klar: Patrick und Dominique sind einfach nicht die gleichen Menschen. Patrick war impulsiv und suchte oft die Aufmerksamkeit durch humorvolle und provokante Aktionen. Dominique war strukturiert, zielstrebig und fokussiert. Diese Gegensätzlichkeit prägte nicht nur ihre Zeit in der Schule, sondern auch ihren weiteren Lebensweg.

Dominique wirkte oft souverän und kontrolliert, aber auch er hatte Phasen, in denen die Belastung zu viel für ihn wurde. Gleichzeitig war Patricks lautstarkes Auftreten oft nur Fassade. Innen war da häufig Unsicherheit, die erst viel später in ein echtes Selbstvertrauen überführt wurde. Beide haben gelernt, dass echter Erfolg nicht mit Status beginnt, sondern mit innerer Klarheit.

Patrick hatte keinen klaren Plan nach der Schulzeit. Er versuchte, sich zu orientieren, probierte verschiedene berufliche Möglichkeiten aus und scheiterte auch mehrmals.

Dominique hingegen hatte von Anfang an eine klarere Linie. Sein Interesse für IT und Technik war die Grundlage für seine spätere berufliche Ausrichtung. Statt sich in verschiedenen Dingen zu verlieren, konzentrierte er sich mit vollem Fokus auf eine Ausbildung in diesem Bereich.

Patrick und Dominique erkannten schnell, dass Karriere nicht statisch ist, sondern ein dynamischer Prozess. Patrick stieg von einem Angestelltenverhältnis in die Finanzwelt ein und entwickelte sich zum eigenständigen Social-Media-Unternehmer. Dominique erarbeitete sich durch gezielte Weiterbildung und berufliche Anpassungsfähigkeit neue Chancen.

Patrick löste sich dabei auch von traditionellen Karrierevorstellungen. Er erkannte, dass beruflicher Erfolg nicht immer den klassischen Weg über Ausbildung und Studium nehmen muss. Statt sich auf den vorgegebenen Weg zu verlassen, investierte er Zeit in seine eigenen Projekte, lernte autodidaktisch und baute sich eine starke Präsenz auf.

Für Dominique war Karriere nie Selbstzweck. Er war nicht auf der Suche nach oberflächlichem Erfolg, sondern nach Tiefe und Bedeutung. Sein Antrieb kam nie aus dem Wunsch nach Prestige, sondern aus dem Bedürfnis, gute Arbeit zu leisten, Dinge zu verbessern und einen echten Beitrag zu leisten. Sein Motto ist sein Leitmotiv:

> **Wenn ich etwas mache, dann mit Verantwortung.**

Diese Grundhaltung hat ihn durch alle Stationen seines Lebens begleitet.

Dominique versuchte dem traditionellen Bildungsweg zunächst treu zu bleiben, erkannte aber später, dass berufliche Flexibilität notwendig ist, um auch international Fuß zu fassen. Sein Umzug nach Dubai war ein bewusster Schritt, um seine Karrierechancen zu erweitern und neue Netzwerke zu knüpfen.

Patrick und Dominique sind sich in ihren Prinzipien einig, gehen aber unterschiedliche Wege. Patrick nahm oft einen Umweg in Kauf und improvisierte auch mal. Dominique hingegen folgte einem strukturierten Plan. Aber in beiden Fällen zeigt sich, dass Erfolg keine geradlinige Geschichte ist, sondern eine Abfolge von Entscheidungen, Herausforderungen und Umstellungen.

Vor allem durch Dominiques Arbeit in anderen Ländern hat er seine Sicht auf Karrieren komplett verändert. In vielen Kulturen ist nicht nur das „Was“ wichtig, sondern vor allem das „Wie“. Es geht darum, wie jemand arbeitet, wie er mit Menschen umgeht und wie er Konflikte löst. Dominique hat mit der Zeit gelernt, wie wichtig interkulturelle Kompetenz für den Beruf ist. Wenn du über Ländergrenzen hinweg arbeitest, lernst du jeden Tag neue Sichtweisen kennen.

Beide Karrieren zeigen eindeutig: Es gibt keinen festgelegten Pfad zum Erfolg. Entscheidend ist, aus Fehlern zu lernen, sich nicht entmutigen zu lassen und die eigenen Stärken kontinuierlich auszubauen. Patrick und Dominique zeigen unterschiedliche Ansätze, aber sie beruhen auf demselben Grundprinzip: Erfolg ist eine Frage der Einstellung und der Bereitschaft, sich ständig weiterzuentwickeln.

Das heißt auch, falsche Entscheidungen zu akzeptieren. Patrick musste Umwege gehen, aber genau die haben ihn dahin gebracht, wo er heute ist. Dominique hatte Projekte, in die er viel investierte, die aber scheiterten. Heute weiß er: Auch aus einem Rückschlag kann eine neue Chance entstehen, wenn man bereit ist, zu lernen und weiterzugehen.

Dividenden statt Diplom: Wie Patrick seine Nische fand

Patricks Weg in die Finanzwelt wurde ihm nicht in die Wiege gelegt, sondern war das Ergebnis eines Umbruchs in seinem Leben. Ursprünglich hatte er wenig mit der Welt der Investitionen und Finanzen zu tun. Doch irgendwann kam der Punkt, an dem er sich bewusst wurde, dass es so nicht weitergehen konnte. Er stellte sich die Frage, ob das wirklich alles gewesen sei. Das war der Moment, in dem er erkannte, dass er grundlegend etwas ändern muss.

Nach dem Abschluss der Schule stand Patrick zunächst vor der Entscheidung, wie er seinen beruflichen Weg gestalten sollte. In dieser Phase entschied er sich, die höhere Handelsschule zu besuchen und das Fachabitur zu machen. Der Gedanke dahinter war klar: Mit einem höheren Bildungsabschluss wollte er seine Chancen auf dem Arbeitsmarkt verbessern und sich die Möglichkeit auf eine gute Ausbildung in einem angesehenen Unternehmen sichern. Doch die Realität verlief anders als geplant. Er schaffte es nicht, diesen Abschluss erfolgreich zu beenden. Diese Erfahrung war für ihn ein erster Rückschlag – doch anstatt sich davon entmutigen zu lassen, richtete er seinen Blick nach vorne.

Trotz des fehlenden Fachabiturs gab Patrick nicht auf. Er begann, sich aktiv um Ausbildungsplätze zu bemühen und seine Bewerbungen gezielt an große, renommierte Unternehmen zu schicken. Darunter waren auch ein Chemiekonzern und eine Versicherung – Unternehmen, die für ihre hohen Ansprüche und exzellenten Karrierechancen bekannt sind. Er bereitete sich gründlich auf die Bewerbungsgespräche vor, voller Hoffnung, den Einstieg in eine angesehene Ausbildung zu schaffen.

Eines dieser Bewerbungsgespräche sollte jedoch zu einer einschneidenden Erfahrung werden. Im Gespräch mit den Psychologen vom Chemiekonzern wurde Patrick mit einer provokanten Frage konfrontiert. Diese Frage traf ihn tief, denn sie stellten nicht nur seine beruflichen Ambitionen, sondern auch seine persönliche Identität infrage. Diese harte Konfrontation führte dazu, dass er das Auswahlverfahren nicht erfolgreich abschloss. Für einen Moment schien es, als hätten sich alle Bemühungen in Luft aufgelöst.

Doch Patrick ließ sich nicht unterkriegen. Nach weiteren Bewerbungen, die ebenfalls erfolglos blieben, entschloss er sich, einen anderen Weg einzuschlagen. Statt weiterhin vergeblich auf eine große Karrierechance zu hoffen, beschloss er pragmatisch, einen Job als Aushilfe in einem Baumarkt anzunehmen. Diese Entscheidung sollte sich später als unerwarteter Glücksfall herausstellen.

Im Baumarkt zeigte sich schnell, dass Patrick mehr als nur eine Aushilfe war. Mit seiner Arbeitsmoral, seinem Engagement und seiner Fähigkeit, Probleme eigenständig zu lösen, beeindruckte er seine Vorgesetzten. Innerhalb kurzer Zeit übernahm er immer mehr Verantwortung und bewies sich als zuverlässiger Mitarbeiter. Er organisierte die Abläufe in seiner Abteilung neu, optimierte Prozesse und sorgte dafür, dass die Kunden stets gut betreut wurden. Seine Leistung war so überzeugend, dass die Leitung entschied, einen Vollzeitmitarbeiter zu entlassen – Patrick hatte dessen Aufgaben quasi mitübernommen.

Diese Entwicklung zeigte nicht nur seine Fähigkeiten, sondern auch seine Bereitschaft, sich in jeder Situation zu beweisen. Besonders bemerkenswert war die Tatsache, dass er als einziger Mitarbeiter keinen Eignungstest absolvieren musste. Dies war ein Zeichen für das hohe Vertrauen, das die Geschäftsleitung in ihn setzte. Seine Bedeutung für den Betrieb war so groß, dass man bei ihm eine Ausnahme machte. Diese Phase prägte ihn nachhaltig und lehrte ihn, dass Einsatzbereitschaft und die Fähigkeit, Verantwortung zu übernehmen, oft wichtiger sind als formale Qualifikationen.

Diese Erfahrungen im Baumarkt stärkten Patricks Selbstbewusstsein und veränderten seine Einstellung zum Thema Erfolg. Er begann, zu verstehen, dass Karriere nicht immer einem vorgegebenen Schema folgt, sondern auch über Umwege und durch praktische Erfahrungen aufgebaut werden kann. In ihm wuchs die Erkenntnis, dass er mehr wollte – mehr Verantwortung, mehr Perspektiven und vor allem die Möglichkeit, eigenständig über sein Leben zu bestimmen.

Der Wendepunkt kam, als er begann, sich intensiv mit dem Investieren zu beschäftigen. Das war die Geburtsstunde des *Dividente*-Accounts – ein *Instagram*-Account, auf dem er seine Erfahrungen und Erkenntnisse zu Investments teilte. Es war für ihn nicht nur eine Möglichkeit, seine eigene finanzielle Zukunft zu gestalten, sondern auch eine Gelegenheit, anderen Menschen einen Einblick zu geben und damit auch andere zu motivieren, diesen Weg mit ihm zu gehen. Der Aufbau dieses Accounts und seine Präsenz in den sozialen Medien wurden zu einem wichtigen Bestandteil seines neuen Lebens.

Als Finanzthemen in den sozialen Medien noch kaum präsent waren, erkannte Patrick das Potenzial und war einer der Ersten, die dieses Feld für sich entdeckten. Während heute zahlreiche sogenannte *Finfluencer* mit Aktienkursen, Schnellreich-Strategien und dubiosen Coaching-Angeboten um Aufmerksamkeit buhlen, verfolgte Patrick von Anfang an einen anderen, besseren Ansatz. Für ihn war das Teilen von Wissen kein Marketinginstrument, sondern eine persönliche Überzeugung. Er wollte zeigen, dass finanzielle Bildung auch ohne elitäre Sprache, Anzüge oder Vorwissen funktionieren kann – praxisnah, verständlich und ehrlich.

Zu jener Zeit gab es kaum deutschsprachige Accounts, die sich ernsthaft und dauerhaft mit Themen wie Dividendenstrategie, ETF-Investments oder langfristigem Vermögensaufbau beschäftigten. Patrick erkannte frühzeitig die Schnittstelle zwischen klassischer Finanzwelt und digitaler Kommunikation und schaffte es, komplexe Themen greifbar zu erklären.

Er hat den Begriff *Finfluencer* zwar nie wirklich für sich beansprucht – zu sehr stört ihn die Oberflächlichkeit, die viele mit diesem Wort verbinden –, aber rückblickend war er genau das: ein Pionier in einem Bereich, der heute von vielen dominiert wird, die lieber glänzen als bilden wollen.

Sein Account wurde nicht über Nacht groß, doch genau das war der Unterschied: Während andere schnelle Reichweite durch Provokation und Statussymbole suchten, baute Patrick eine Community auf, die auf Vertrauen, Austausch und langfristigem Mehrwert basiert. Viele der damaligen Follower sind heute noch dabei und zwar wegen der Substanz, nicht der Show.

Patrick musste lernen, mit Rückschlägen umzugehen, aus Fehlern zu lernen und seine Strategien kontinuierlich anzupassen. Im Gegensatz zu vielen anderen *Finfluencern*, die oft nur auf Eigenwerbung und auf ihren eigenen Reichtum aus waren, legte er großen Wert darauf, tatsächlich wertvolle Informationen zu liefern. Er nutzte Social Media nicht nur als Plattform zur Darstellung seines eigenen Weges, sondern als Mittel, um Wissen weiterzugeben und eine Community aufzubauen, die sich gegenseitig inspiriert. Sein Ansatz ging auf. Natürlich machte er auch Werbung, jedoch blieb er dabei ehrlich und vor allem sich selbst treu.

Der Übergang von seinem alten Leben im Angestelltenverhältnis zu seiner Selbstständigkeit in der und durch die Finanzwelt war mehr als nur eine berufliche Veränderung – es war eine Neuausrichtung seiner gesamten Denkweise. Patrick musste anfangen, langfristig zu planen, Risiken zu kalkulieren und systematisch vorzugehen. Die Disziplin, die er in dieser neuen Phase entwickelte, wurde zur Grundlage für seinen Erfolg. Statt Ausreden zu suchen, übernahm er Verantwortung für seine Zukunft und baute Schritt für Schritt seine Präsenz in der Welt der Finanzen aus.

Heute ist Patrick ein Beispiel dafür, dass Erfolg nicht durch perfekte Ausgangsbedingungen entsteht, sondern durch die Fähigkeit, die richtigen Entscheidungen zu treffen, kontinuierlich zu lernen und sich an neue Gegebenheiten anzupassen. Sein Weg zeigt, dass es nicht darauf ankommt, wo man startet, sondern darauf, ob man bereit ist, die nötige Arbeit, Zeit und Disziplin zu investieren, um seine Ziele zu erreichen.

Planvoll zum Erfolg: Dominiques Weg zwischen Code und Karriere

Dominique verfolgte von Anfang an einen anderen Weg als Patrick. Während sich Patrick oft von seinen Impulsen leiten ließ, setzte Dominique auf das, was ihm Spaß machte und auf seine langfristigen Ziele. Schon früh bemerkte Dominique, dass es einen voranbringt, wenn man sich mit den Sachen beschäftigt, die einem Spaß machen.

Dominique zeigte bereits früh in seinem Leben Interesse an allem, was mit IT zu tun hat. Schon im Alter von neun Jahren kaufte Dominiques Mutter ihm von seinem Kommuniongeld seinen ersten Computer, auch wenn sie selbst nichts davon verstand. Er verbrachte unzählige Stunden damit, Programme zu schreiben, und entwickelte schon früh eine große Leidenschaft für die IT.

Doch für Dominique war die IT-Welt von Anfang an mehr als nur Technik oder Anwendungen – sie war eine Einladung, über Grenzen hinauszudenken. Während andere sich von der Komplexität abschrecken ließen, faszinierte ihn gerade die Möglichkeit, mit Logik und Struktur echte Probleme zu lösen. In dieser Welt fand er etwas, das ihm in anderen Lebensbereichen oft gefehlt hatte: Klarheit, Gestaltungsfreiheit und eine gewisse Neutralität – es zählte, was funktionierte, nicht, wer man war. Die IT war für ihn kein Werkzeug, sondern ein Ort, an dem er wachsen konnte.

Aus dieser Faszination heraus entschied er sich für eine Ausbildung zum Fachinformatiker für Anwendungsentwicklung, die der Schlüssel für den Einstieg in die IT-Welt ist. Im Mittelpunkt stehen dabei das Planen, Entwickeln und Testen von Softwarelösungen. Als Fachinformatiker analysiert man Geschäftsprozesse, erfasst Anforderungen und setzt diese anschließend in technische Anwendungen um. Neben der eigentlichen Programmierung lernen Auszubildende auch, wie man Projekte strukturiert plant, dokumentiert und gemeinsam im Team umsetzt.

Für Dominique war diese Ausbildung ein logischer Schritt. Sie bot die Möglichkeit, technisches Interesse mit praxisnaher Arbeit zu verbinden. Für ihn war von Anfang an klar, dass es nicht nur um Theorie gehen darf, sondern vor allem um echte Anwendungsbeispiele, also darum, Probleme zu lösen und funktionierende Softwarelösungen zu entwickeln, die im Alltag eingesetzt werden.

Ein weiterer Vorteil dieser Ausbildung ist die Vielseitigkeit. Fachinformatiker für Anwendungsentwicklung arbeiten oft in enger Abstimmung mit anderen Abteilungen, begleiten Projekte von der Idee bis zur Umsetzung und lernen so, betriebliche Abläufe aus technischer Perspektive zu verstehen. Genau diese Schnittstelle zwischen IT und realen Anforderungen war für Dominique besonders spannend und bildete die Grundlage für seinen weiteren beruflichen Weg.

Dabei bewarb er sich bei einem Unternehmen und erhielt eine Absage. Er wollte jedoch unbedingt in diesem Unternehmen seine Ausbildung machen und schickte erneut die Bewerbung dorthin. Auch hierauf kam wieder eine Absage. Das Spiel ging so lange, bis das Unternehmen ihm einen Ausbildungsplatz zusagte. Dominiques Hartnäckigkeit und Zielstrebigkeit spielten eine entscheidende Rolle für seinen Erfolg. Anstatt sich von Rückschlägen entmutigen zu lassen, blieb er beharrlich und verfolgte konsequent sein Ziel. Seine wiederholten Bewerbungen zeigen, dass Durchhaltevermögen und die Fähigkeit, sich nicht von anfänglichen Niederlagen abschrecken zu lassen, oft den entscheidenden Unterschied machen können. Letztendlich zahlte sich sein Einsatz aus und er erhielt den Ausbildungsplatz, den er sich so sehr gewünscht hatte. Dies verdeutlicht, dass Beharrlichkeit oft belohnt wird und Rückschläge nur Etappen auf dem Weg zum Erfolg sind.

Die Realität in der Ausbildung war jedoch ernüchternd. Der offizielle Ausbilder existierte nur auf dem Papier, eine Betreuung im klassischen Sinne fand kaum statt. Viele hätten an dieser Stelle frustriert aufgegeben oder sich treiben lassen. Dominique tat jedoch das Gegenteil: Er übernahm die Verantwortung für sein Lernen, eignete sich Inhalte autodidaktisch an und suchte sich gezielt Kollegen, von denen er lernen konnte. Sein Arbeitsalltag war geprägt von Eigenverantwortung und Initiative. Anstatt sich über die Umstände zu beklagen, nutzte er sie als Trainingsfeld für Selbstorganisation und Eigenmotivation.

Gerade diese Erfahrung hat Dominique nachhaltig geprägt. Sie lehrte ihn früh, dass man nicht auf ideale Bedingungen warten darf, sondern sie sich selbst schaffen muss. Dass er sich ausgerechnet in einem Umfeld ohne echte Anleitung so zielgerichtet entwickeln konnte, ist kein Zufall, sondern Ausdruck seiner Fähigkeit, aus jeder Situation das Beste zu machen. Er lernte, dass nicht äußere Strukturen über den Erfolg entscheiden, sondern die eigene Haltung. Dieses Mindset wurde zum Fundament seines weiteren beruflichen Weges, der von Eigenverantwortung, Klarheit und der Bereitschaft geprägt ist, Verantwortung zu übernehmen – auch wenn niemand hinschaut.

Dominique entschied sich für ein berufsbegleitendes Studium. Das war der richtige Schritt, der seine fachliche Entwicklung vorantrieb und ein klares Zeichen für seine Disziplin und Zielstrebigkeit war. Ein Studium parallel zum Berufsalltag zu absolvieren, ist eine Herausforderung, die nur jemand meistert, der über ein hohes Maß an Selbstorganisation, Zeitmanagement und Durchhaltevermögen verfügt. Während andere nach Feierabend abschalteten, arbeitete Dominique. Er vertiefte sich in Fachliteratur, schrieb Hausarbeiten und bereitete sich auf Prüfungen vor.

Er schloss das Studium nicht nur erfolgreich, sondern sogar unterhalb der Regelstudienzeit ab. Das zeigt, mit welcher Konsequenz und Effizienz er seine Ziele verfolgte. Er ging über das reine Pflichtprogramm hinaus, um sich weiterzuentwickeln und zusätzliche fachliche Tiefe zu erlangen. Dominique nutzte diese Zeit, um nicht nur seine technischen Fähigkeiten auszubauen, sondern auch die Brücke zwischen Theorie und Praxis zu schlagen.

In seiner Diplomarbeit setzte er neue Standards, als er ein zukunftsweisendes Thema aufgriff: die Business Prozess Modellierung in verteilten Systemen – ein Feld, das in einer immer stärker digitalisierten und globalisierten Wirtschaft eine zentrale Rolle spielt. Er machte es sich zur Aufgabe, die strukturierte Darstellung und Optimierung von Geschäftsprozessen zu revolutionieren, die über mehrere Systeme, Standorte oder sogar Länder hinweg laufen. Das war 2012. In der heutigen Zeit, die geprägt ist von Cloud-Lösungen, internationalen IT-Strukturen und Remote-Arbeit, ist das Wissen darüber, wie Prozesse digital abgebildet, analysiert und verbessert werden können, von enormer Bedeutung.

Einige Jahre später vertiefte Dominique dieses Fundament mit einem Masterstudium, in dem er sich intensiv mit der digitalen Transformation, datengetriebenen Unternehmensstrategien und der Nutzung von Data Streaming sowie Predictive Analytics auseinandersetzte – lange bevor diese Themen in der breiten Wirtschaft den heutigen Stellenwert erreichten.

Für Dominique waren diese Schwerpunkte nicht nur akademisch interessant, sondern vor allem hochrelevant für die Praxis. Er erkannte früh, dass Unternehmen erfolgreicher agieren, wenn ihre internen Abläufe transparent, effizient und technologisch durchdacht sind – insbesondere dann, wenn Entscheidungen auf Basis von Echtzeitdaten getroffen werden müssen und verschiedene Abteilungen oder externe Partner gleichzeitig in denselben Prozess eingebunden sind. Er besitzt die Fähigkeit, solche komplexen Abläufe sichtbar zu machen, in Echtzeit zu analysieren und daraus belastbare Handlungsoptionen abzuleiten. Dieses Zusammenspiel aus Prozessverständnis, Datenkompetenz und technischer Umsetzung ist bis heute ein zentrales Werkzeug seines beruflichen Werdegangs.

Dominique ließ sich nicht von den Meinungen anderer beeinflussen. Sein einziger Grundsatz war immer, dass sich seine Mutter und Großmutter nicht für ihn schämen müssen. Diese Unabhängigkeit und dieser Grundsatz halfen ihm dabei, mutige Entscheidungen zu treffen, wie seinen schnellen Umzug nach Dubai. Innerhalb von zwei Wochen organisierte er den Wechsel, meisterte Herausforderungen wie Visa-Probleme und Bankkonten – selbst als sein erstes Konto wegen eines Fehlers in einem Formular gesperrt wurde.

Heute promoviert er in Maribor, Slowenien, in angewandter künstlicher Intelligenz, um seine beruflichen Verpflichtungen mit akademischen Ambitionen zu verbinden. Sein Weg zeigt, dass strategische Planung und Zielstrebigkeit zu großem Erfolg führen können.

Loyalität in der Vorhölle: Dominiques Weg durch die Kommunalpolitik

Dominiques Karriereweg führte ihn nicht nur durch die Wirtschaft und das Unternehmertum, sondern auch in die Politik – genauer gesagt auf der kommunalen Ebene. Was von außen oft als beschauliche Lokalpolitik wahrgenommen wird, entpuppte sich für ihn als eine der herausforderndsten und emotional intensivsten Zeiten seines Lebens. Er selbst nennt diese Zeit rückblickend eine „Vorhölle“. Das ist ein drastisches, aber treffendes Bild für die inneren und äußeren Konflikte, mit denen er damals konfrontiert war. „Feind, Erzfeind, Parteifreund“ ist ein viel zitiertes Bonmot, dessen Ursprung nicht genau zu klären, aber oftmals zutreffend ist.

Die Kommunalpolitik ist die unterste und zugleich persönlichste Ebene der politischen Arbeit. Sie findet direkt vor der Haustür der Bürger, aber auch der Mandatsträger statt – in den Stadtteilen, auf den Spielplätzen, bei Bauprojekten oder in den Gemeinderatssitzungen. Es geht nicht um abstrakte Debatten im Bundestag, sondern um konkrete Entscheidungen, die das tägliche Leben unmittelbar beeinflussen: Wird die Landstraße endlich saniert? Wohin kommt die neue Schulmensa und was darf sie kosten? Darf der alte Stadtpark einem Supermarkt weichen?

Gerade weil die Themen so nah an den Menschen sind, ist Kommunalpolitik besonders emotional. Die Bürger wollen mitreden – manchmal lautstark, manchmal hitzig, oft mit ganz persönlichen Anliegen. Das ist der Reiz, aber auch die Herausforderung: In der Kommunalpolitik ist man nah dran, wird auf dem Wochenmarkt erkannt, im Supermarkt angesprochen oder auf offener Straße konfrontiert. Für viele junge Menschen ist die Kommunalpolitik der erste Kontakt mit der Politik, so auch für Dominique.

Was als Idealismus begann, als Wunsch, die Dinge besser zu machen, entwickelte sich schnell zu einer ernüchternden Erfahrung mit den inneren Mechanismen politischer Macht. Denn Kommunalpolitik bedeutet nicht nur Bürgernähe, sondern auch Machtkämpfe, interne Intrigen und persönliche Netzwerke. Hinter scheinbar einfachen Entscheidungen verbirgt sich oft ein komplexes Spiel aus Einflussnahme, Parteipolitik und lokalem Klüngel. Viele Entscheidungen basieren nicht auf Fakten, sondern auf alten Seilschaften, parteipolitischer Strategie oder dem Versuch, sich bei den Wählern gut zu verkaufen. Für Menschen wie Dominique, die mit klarer Haltung, Tempo und kompromissloser Ehrlichkeit in diese Welt eintreten, wird es schnell ungemütlich.

Denn Loyalität, Ehrlichkeit und Sachlichkeit sind in der politischen Realität nicht immer das, was zählt, zumindest nicht in jeder Fraktion. Die Arbeit in der Kommunalpolitik mag nach außen oft unscheinbar wirken, ist aber geprägt von einem eng getakteten Ablauf, festen Strukturen – und viel Papier. Ob ein neuer Radweg gebaut, ein Schulgebäude saniert oder neue Gebühren für die Müllabfuhr eingeführt werden sollen, alle Entscheidungen müssen ein festgelegtes Verfahren durchlaufen.

Der eigentliche Mechanismus beginnt schon weit vor der Wahl, nämlich bei der Frage, wie potenzielle Kandidaten überhaupt auf einem Wahlzettel landen. Was auf den ersten Blick nach demokratischer Auswahl und inhaltlicher Qualifikation aussieht, erweist sich in der Praxis oft als ein Spiel aus Proporz, Präsenz und persönlichen Beziehungen. Wer nicht beim traditionellen Grünkohlessen der Senioren im Herbst gesehen wird, wer das monatliche Kaffeetrinken des Frauenvereins auslässt oder den Netzwerktreffen der Mittelstandsvereinigung dauerhaft fernbleibt, darf sich kaum Hoffnungen auf eine Aufstellung durch die eigene Partei machen.

Gerade für berufstätige Menschen ist das ein kaum zu meisterndes Hindernis – und für Dominique, der in dieser Zeit eine intensive Reisetätigkeit ausübte, war es nur mit äußerster Disziplin und minutiöser Planung überhaupt möglich, den politischen Anschluss nicht zu verlieren. Ein politisches Engagement, das eigentlich Inhalte in den Mittelpunkt stellen sollte, wurde so schnell zu einem gesellschaftlichen Spießrutenlauf zwischen Terminen, Loyalitätsbeweisen und subtilen Erwartungen.

Um diesen Mechanismus zu durchbrechen, wagte Dominique gemeinsam mit dem damaligen Stadtverbandsvorsitzenden ein bis dahin in der Stadt einmaliges Projekt. Statt der üblichen großen Aufstellungsversammlung, wie sie das Gesetz vorschreibt, wurde zunächst in jedem Wahlkreis eine separate Mitgliederversammlung abgehalten – ausschließlich mit jenen, die dort tatsächlich wohnten. Der Gedanke dahinter: Nicht nur die großen parteiinternen Organisationen sollten das Wort führen, sondern vor allem diejenigen, die direkt betroffen waren. Ganz im ursprünglichen Geist der Kommunalpolitik.

Die dort erarbeiteten Vorschläge wurden später in die offizielle Aufstellungsversammlung eingebracht und dort, wenn auch nicht einstimmig, beschlossen. Zu viele hatten an diesem Prozess mitgewirkt, als dass man das Ergebnis am Ende alten Seilschaften oder parteiinternem Proporz hätte opfern können.

Natürlich macht man sich mit einem solchen Vorgehen nicht nur Freunde. Aber Dominique sagt dazu mit einem leichten Schmunzeln:

> ” **Wenn ich Freunde finden wollte, wäre ich Eisverkäufer geworden.**

Der Weg dorthin war – rückblickend betrachtet – zum Glück weniger steinig, als man vermuten könnte. Bereits im Alter von 14 Jahren fand Dominique den Weg in die Politik, aus Verärgerung. Und was für eine! Anlass war der Besuch eines Landtagsabgeordneten an seiner Schule, der versuchte, den Schülern zu erklären, wie Schule funktioniert. Für Dominique war das alles „ziemlicher Schwachsinn". Statt sich jedoch nur zu ärgern, zog er Konsequenzen. Seine Haltung war klar:

> **Ich werde ihm so nah auf die Pelle rücken wie möglich.**

Der direkte Weg zu eben jenem Politiker blieb ihm jedoch zunächst verwehrt. Denn in der Politik gilt, aus oft guten Gründen, das Wohnortprinzip. Seine Schule befand sich in Monheim, sein Wohnsitz jedoch in Leverkusen. Also trat er der *Jungen Union* dort bei. Der Impuls, Dinge nicht einfach hinzunehmen, sondern selbst zu gestalten, war stärker als jede Hürde. Und sein politischer Aufstieg ließ nicht lange auf sich warten: Pressesprecher, stellvertretender Kreisvorsitzender der *Jungen Union*, Digitalbeauftragter der *CDU* bereits im Jahr 2003 – und später sogar in Teilzeit für die Partei angestellt.

Mit seinem Umzug wurde er 2007 als sachkundiger Bürger berufen, 2008 im Rahmen des neu eingeführten Auswahlverfahrens in seinem Wahlkreis aufgestellt und schließlich 2009 in den Stadtrat gewählt. Damit hatte er sein erstes Ziel erreicht: ein Mandat. Die Möglichkeit, nicht nur mitzureden, sondern mitzugestalten.

Doch die Realität zeigte sich schnell von einer anderen Seite. „Scheiße", wie Dominique es selbst offen formuliert, war eine der ersten Erkenntnisse.

Viele Entscheidungen ziehen sich über Monate und Jahre hin – nicht, weil sie besonders komplex wären, sondern weil politische Rücksichtnahmen, persönliche Befindlichkeiten und parteitaktische Erwägungen wichtiger sind als der Inhalt. Vorschläge werden verschleppt, weil sie von der „falschen" Fraktion kommen. Gute Ideen scheitern an Parteigrenzen. Und selbst einfache Sachverhalte werden mit so vielen Anträgen, Gegenanträgen und Änderungswünschen überfrachtet, dass sie am Ende in der Bedeutungslosigkeit versinken. Dominique erinnert sich daran, als ein Mitglied seiner Fraktion mit einer 100-Punkte-Frageliste in einer Ratssitzung aufkreuzte, um solange Zeit zu schinden, bis ein bestimmter Antrag nicht mehr beschlossen werden konnte. Überhaupt ist das, was auf dem Papier nach Mitbestimmung und demokratischer Teilhabe aussieht, in der Realität oft anders – vor allem für engagierte junge Ratsmitglieder, die wirklich etwas bewegen wollen. Für jemanden wie Dominique, der mit einer klaren Haltung und einem hohen Arbeitstempo in dieses System kommt, wirken viele Abläufe wie ein Rückschritt: zu träge, zu unklar, zu sehr von Eitelkeiten geprägt. Wer mit Ideen und der Bereitschaft, Verantwortung zu übernehmen, auftritt, stößt schnell auf Widerstand – und wird als Störfaktor empfunden.

Dominique, der Effizienz und Verantwortung nicht nur schätzt, sondern lebt, fand es befremdlich, zu erleben, dass die Übernahme von Verantwortung im politischen Alltag nicht belohnt, sondern bestraft wird. Im Jahr 2012 stand seine Fraktion über Wochen ohne Vorsitz da, nach dem Rücktritt des bisherigen Vorsitzenden fand sich niemand, der die Aufgabe übernehmen wollte. Also kandidierte Dominique. Ohne Gegenkandidaten wurde er mit fünf zu vier Stimmen gewählt. Und genau in diesem Moment, so sagt er heute, öffnete sich die Vorhölle.

Die Zeit als Fraktionsvorsitzender war geprägt von chronischer Überarbeitung, ungesunder Selbstausbeutung und einem permanenten inneren Alarmzustand. Dominique engagierte sich nicht nur inhaltlich, er versuchte auch, zwischen den internen Lagern zu vermitteln – ein Drahtseilakt, der zunehmend an seiner Substanz zehrte. Während andere Pausen machten, sich aus der Verantwortung zogen oder destruktiv agierten, jonglierte er eine anstrengende Reisetätigkeit, eine Fraktion im Ausnahmezustand und den täglichen politischen Betrieb. Im Fußball sagt man:

> **Wenn du nicht gewinnen kannst, tritt ihnen wenigstens den Rasen kaputt.**

Damit beschreibt Dominique später das Verhalten der vier Fraktionsmitglieder, die seine Wahl nur widerwillig mitgetragen hatten – und ihm fortan das Leben schwer machten. Für Dominique hingegen galten Effizienz, Direktheit, Ergebnisorientierung und vor allem die Verantwortung gegenüber den Wählern als unantastbare Norm. Doch andere sahen das offenbar anders. Keine Kompromisse. All in or nothing.

Selbst Gespräche mit Ratsmitgliedern anderer Parteien oder mit dem Bürgermeister wurden ihm als illoyale Alleingänge ausgelegt. Fraktionsausschlussanträge folgten. Was für Dominique gelebte Verantwortung war, wurde in den Augen der anderen zum Kontrollzwang, zur Zumutung, zur Bedrohung ihrer eigenen Komfortzonen – vielleicht auch, weil es ihnen einen Spiegel vorhielt. Jede Fraktionssitzung glich einem Verhör. Eigene Impulse blieben aus, es ging nur noch um Kontrolle, Kritik, Konfrontation. Trotz verschiedener Vermittlungsversuche – sogar Bundestagsabgeordnete wurden eingeschaltet – eskalierten die Spannungen weiter. Es kam zu Missverständnissen, persönlichen Anfeindungen und schließlich auch zu massiven gesundheitlichen Folgen. Bei einer besonders angespannten Sitzung musste Dominique abbrechen. Ein verschleppter grippaler Infekt hatte seinen Körper so sehr geschwächt, dass er sich sofort in ärztliche Behandlung begeben musste.

Besserungswünsche? Fehlanzeige. Noch bevor er die Notaufnahme erreichte, erhielt er eine E-Mail mit der Rücktrittsforderung. Unterzeichnet von denselben vier Personen, die sich zuvor jeder Verantwortung entzogen hatten und dies auch jetzt nicht ändern wollten.

Im Februar 2013 zog Dominique die Reißleine. Er trat vom Fraktionsvorsitz zurück. Denn in der Praxis war Politik nicht das, was Dominique sich vorgestellt hatte, sondern ein Spiel aus Beziehungen, Eitelkeiten und Machtstrukturen. Er war loyal – gegenüber seinen Werten, gegenüber den Fakten, gegenüber dem Anspruch, Politik im Sinne der Bürger zu machen und nicht zur Selbstinszenierung. Genau das machte ihn unbequem.

Während andere ihre Haltung der politischen Großwetterlage anpassten oder sich opportunistisch durchlavierten, um sich eine weitere Amtszeit zu sichern, stand Dominique für klare Kante. Auch dann, wenn es unbequem wurde. Besonders eindrücklich zeigte sich das in einem Konflikt mit einer Bürgerinitiative. Es ging um eine 1.000 Quadratmeter große Fläche. Für die einen war es eine Hundewiese, für andere ein Kulturgut, das um jeden Preis erhalten werden müsse. Für Dominique war es vor allem eine absurde Überhöhung. Und trotzdem war er der Einzige aus dem Rat, der zur ersten Demonstration kam.

Er war am selben Morgen aus Hannover angereist, wo er zuvor eine wichtige Klausur geschrieben hatte – eine weitere sollte am nächsten Tag folgen. Doch er stellte sich dem Protest. Er stellte Fragen, hielt dagegen, blieb sachlich. Selbst dann, als die Polizei ihm empfahl, besser zu gehen. Für Dominique war das keine Option. Er duckte sich nicht weg. Er blieb standhaft – bei jeder weiteren Demonstration, zu der er wieder erschien. Meistens als einziges Ratsmitglied. Loyalität ist in der Politik etwas Besonderes. Wer seinen Prinzipien treu bleibt, kann schnell zum Problem für ein System werden, das sich oft mehr für Macht und Mehrheiten interessiert als für Inhalte. Doch Dominique ging es nie um das System. Sondern darum, Haltung zu zeigen.

Dominique legte sein Ratsmandat im Jahr 2014 nieder. Eigentlich war mit zwei seiner Kollegen aus der *Jungen Union*, die nachgerückt waren und ebenfalls Mandate im Rat bzw. in Ausschüssen übernommen hatten, vereinbart worden, dass man das destruktive Verhalten in der Fraktion nicht weiter mittragen und gemeinsam auf eine erneute Kandidatur verzichten würde. Zumal die Chancen auf eine weitere politische Laufbahn aufgrund der neuen Kräfteverhältnisse im Stadtverband ohnehin gering erschienen.

Mit beiden hatte Dominique zuvor über längere Zeit vertrauensvoll zusammengearbeitet – insbesondere bei den hitzigen Diskussionen rund um die Parkbebauung. Den einen hatte er bei der Kandidatur für verschiedene Ämter innerhalb der *Jungen Union* unterstützt, den anderen gründlich in die komplexe Ausschussarbeit eingeführt.

Eines Tages baten ihn die beiden um ein Gespräch. Ohne große Umschweife eröffneten sie ihm: „Es gibt eine Einigung mit dem neuen Stadtverbandsvorsitzenden. Wir beide kandidieren – du bist raus." Hintergrund war offenbar auch eine gewisse Meinungsflexibilität in Bezug auf die besagte Bürgerinitiative, die zunehmend politischen Einfluss gewonnen hatte.

Dominique empfahl den beiden, sich auf schnelle und unaufgeregte Weise unverzüglich zu entfernen. Es war der letzte Tropfen in einem bereits randvollen Fass aus Illoyalität und parteitaktischem Kalkül – und der Moment, in dem Dominique endgültig entschied, der Politik den Rücken zu kehren.

Wie er es heute nennt: ein Gamechanger. Endlich die Freiheit, seine Arbeit unabhängig zu planen. Die Möglichkeit, durch höhere Flexibilität auch das Einkommen zu steigern – denn ein Ratsmandat in einer Kleinstadt bringt gerade einmal etwa 250 Euro Aufwandsentschädigung im Monat. Und vor allem: wieder mit Menschen zu arbeiten, die ergebnisorientiert denken, Verantwortung übernehmen und an echten Lösungen interessiert sind – nicht an Machtspielen und an alle vier Jahre mal „anpacken".

Dass sich politische Seilschaften und fehlende Loyalität dennoch auszahlen können, zeigt sich bis heute: Beide ehemaligen Kollegen sind weiterhin in führenden lokalpolitischen Ämtern – und kandidieren erneut.

Unterwegs zum Ich: Wie Reisen Patricks Karriere prägten

Reisen ist mehr als eine Bewegung von A nach B. Es ist eine innere und äußere Bewegung – eine Veränderung der Perspektive, des Denkens und manchmal sogar der eigenen Identität. Für Patrick war Reisen nie nur Urlaub. Es war Flucht, Therapie, Abenteuer, Bildungsreise und Familienzeit in einem. Schon früh war klar: Wenn seine Familie irgendwo zur Ruhe kommen kann, dann nicht zu Hause, sondern draußen in der Welt.

Vor allem die gesundheitlichen Herausforderungen seines Sohnes – die Kombination aus Autismus, Frühgeburt und daraus resultierenden Lungenproblemen – machten das Reisen zur Notwendigkeit. Es war kein Luxus, sondern eine bewusste Entscheidung für das Wohlbefinden. Berge und Bauernhöfe wurden zu Rückzugsorten. Orte mit klarer Luft, Struktur, wenig Lärm – ideal für ein Kind, das viele Reize verarbeiten muss. Während andere Kinder vielleicht an den Strand wollten, war es für seinen Sohn das Größte, in den Bergen frei atmen zu können oder Tiere zu beobachten. Und Patrick? Der baute eine Zeit lang sein Lebenskonzept um diese Bedürfnisse herum.

Was aber, wenn man das Reisen zwar braucht, es sich aber kaum leisten kann? Für viele wäre das der Punkt gewesen, an dem sie kapituliert hätten. Für Patrick war es der Beginn einer kreativen Lösung. Er brachte sich selbst das Programmieren bei, lernte, wie man Webseiten baut, und schrieb unzählige Ferienwohnungsvermieter an. Sein Angebot: digitale Dienstleistungen im Tausch gegen eine Unterkunft. Und tatsächlich, es funktionierte. Immer wieder fanden sich Gastgeber, die von der Idee begeistert waren. Es war eine Win-win-Situation: Die Familie bekam eine Auszeit, die Gastgeber eine neue Website – und Patrick ein Gefühl von Selbstwirksamkeit, das er als Angestellter nie erlebt hatte.

Diese Zeit lehrte ihn etwas Grundlegendes: Egal, wie groß ein Hindernis erscheint, mit genügend Kreativität, Ausdauer und Mut lässt sich fast alles überwinden. Er erkannte, dass es immer einen Weg gibt, wenn man bereit ist, alte Denkmuster loszulassen. Doch Patrick reiste nicht, um „Urlaub zu machen". Für ihn war jede Reise ein Lernen mit allen Sinnen. Hotelbunker, All-inclusive-Buffets und touristische Hotspots waren nie sein Ding. Ihn zog es auf die Straße – dorthin, wo das Leben pulsiert. Wenn Patrick unterwegs war, dann mittendrin. Er wollte wissen, wie die Menschen leben, essen, reden, denken. Er setzte sich zu den Einheimischen auf den Bürgersteig, bestellte, was niemand aussprechen konnte, hörte zu und beobachtete. Diese Momente waren ihm wichtiger als jeder Blick aus dem Hotelzimmer.

Ein besonders prägendes Erlebnis hatte Patrick in Thailand. Die Straßenküchen in Bangkok, die einfachen, aber herzlichen Begegnungen mit den Einheimischen, die Selbstverständlichkeit, mit der dort oft geteilt wird, auch wenn man wenig hat – all das hat Eindruck hinterlassen. Die thailändische Kultur mit ihrem starken Familiensinn, der inneren Ruhe und der Fähigkeit, auch in kleinen Dingen das Schöne zu sehen, bildete einen Kontrast zum hektischen Alltag in Deutschland. Für Patrick eine wertvolle Lektion: Erfolg bedeutet nicht, möglichst viel anzuhäufen, sondern innere Ruhe und Freude im Augenblick zu finden.

Auch die USA haben ihn geprägt, wenn auch auf ganz andere Weise. In Städten wie New York oder Miami wurde ihm bewusst, wie sehr Gesellschaften von ihrer Geschichte, ihrer Mentalität und ihrem Glauben an Chancen geprägt sind. Die amerikanische „Anything is possible"-Mentalität, das Selbstverständnis, auch aus dem Nichts etwas Großes schaffen zu können, spiegelte genau das wider, was Patrick in sich entwickelt hatte. Dort galt es nicht als Scheitern, wenn man fiel –

solange man wieder aufstand. Diese Kultur des zweiten, dritten oder vierten Versuchs gab ihm das Gefühl, dass auch seine Geschichte wertvoll war – nicht trotz, sondern wegen ihrer Brüche.

Manche Orte sind mehr als nur Ziele auf der Landkarte. Mauritius zum Beispiel war für Patrick eine dieser besonderen Stationen. Schon die Ankunft auf der kleinen Insel im Indischen Ozean war anders. Nicht wegen des türkisblauen Wassers oder der luxuriösen Resorts, sondern wegen der Atmosphäre. Mauritius vereint afrikanische, indische, französische und chinesische Einflüsse in einer bemerkenswert harmonischen Mischung. Für Patrick war es faszinierend zu sehen, wie die verschiedenen Kulturen dort nicht nur nebeneinander, sondern miteinander leben. In den Straßen von Port Louis, auf den Märkten, in den Teehäusern – überall begegnet man Menschen, die unterschiedlich geprägt sind, aber den gleichen Respekt voreinander haben. Diese selbstverständliche Offenheit hat ihn inspiriert. Sie zeigte ihm, welche Kraft in der Vielfalt liegt und wie oft wir in Europa versuchen, Unterschiede einzuebnen, statt sie zu feiern.

Einen ganz anderen Eindruck hinterließ Sansibar. Hier waren es vor allem die Gegensätze, die Patrick tief berührten. Die traumhaften Strände standen im Kontrast zur Armut vieler Einheimischer. Und doch: Überall begegnete ihm ein Lächeln, eine Offenheit, eine Gelassenheit, die man in Industrieländern selten findet. Besonders beeindruckt hat ihn das rhythmische Leben der Menschen – der Klang der Gebetsrufe über der Altstadt von Stone Town, das geschäftige Treiben auf den Märkten und das Gefühl, dass die Zeit hier nicht gegen, sondern für die Menschen arbeitet. In Sansibar hat Patrick gelernt, was es heißt, wirklich im Augenblick zu leben. Kein gehetzter Blick auf die Uhr, kein Terminstress, sondern Gespräche, die zählen und Begegnungen, die berühren.

In Uganda wurde ihm bewusst, wie sehr unsere westliche Wahrnehmung oft auf Stereotypen basiert. Wer Afrika nicht kennt, stellt sich das Land häufig als chaotisch oder gar gefährlich vor. Doch Uganda zeigte Patrick ein ganz anderes Bild. Er entdeckte herzliche Menschen, atemberaubende Natur und eine beeindruckende innere Stärke. In den Dörfern wurde er mit offenen Armen empfangen, er wurde eingeladen, teilzuhaben – an Gesprächen, Ritualen, an echtem Leben.

Für Patrick war es eine Schule der Demut. Sachen, die wir als selbstverständlich erachten – sauberes Wasser, Strom, Gesundheitsversorgung – sind dort oft ein Luxus. Und die Menschen dort strahlen eine Lebensfreude und Dankbarkeit aus, die er in vielen europäischen Großstädten vermisst hat. Uganda hat ihn geerdet. Er hat gelernt, dass man nur wenig braucht, um glücklich zu sein, und dass wir uns oft selbst im Weg stehen.

Diese kulturellen Unterschiede sensibilisierten ihn nicht nur für andere Lebensentwürfe, sondern auch für seine eigene Identität. Er begann, Dinge zu hinterfragen, die ihm bisher selbstverständlich erschienen:

- Muss man einen bestimmten Weg gehen, um erfolgreich zu sein?
- Ist Sicherheit wirklich das höchste Gut?
- Ist es vielleicht wichtiger, sich selbst treu zu bleiben – auch wenn das Umwege bedeutet?

Das Reisen hat ihm die Augen geöffnet. Und es lehrte ihn, dass es keine „richtige" Art zu leben gibt. Was in einem Land selbstverständlich ist, wirkt im nächsten völlig fremd. Während in Deutschland oft Perfektion und Effizienz im Vordergrund stehen, ist es in anderen Kulturen die Gelassenheit, die zählt. Diese Erkenntnis hat Patrick mitgenommen – nicht nur in seinem Denken, sondern auch in seinem Alltag. Er ist geduldiger, offener, verständnisvoller geworden. Das Reisen hat ihm nicht nur die Welt erklärt, es hat ihn auch menschlicher gemacht.

Und darin liegt auch ein tieferer Wert: Reisen formt den Charakter. Es lehrt uns, dass wir nicht der Mittelpunkt der Welt sind. Es konfrontiert uns mit Unterschieden – in der Sprache, den Gewohnheiten, den Werten. Und wenn man offen genug ist, nicht nur zu konsumieren, sondern zu verstehen, wird jede Reise zu einer inneren Reise. Eine Reise, auf der man nicht nur fremde Orte entdeckt, sondern auch sich selbst ein bisschen besser kennenlernt.

Für Patrick war das Reisen immer auch eine Möglichkeit, sich weiterzubilden, ohne Bücher, aber mit offenen Augen. Sei es ein Gespräch mit einem einheimischen Straßenverkäufer oder die Beobachtung einer alten Handwerkstechnik in einem kleinen Dorf – alles wurde aufgesogen, verarbeitet, in das eigene Weltbild integriert. Es ging ihm nie nur um schöne Landschaften, sondern um Geschichten, Erfahrungen, Lebensentwürfe.

Eine dieser unscheinbaren, aber tiefgreifenden Szenen spielte sich kürzlich in Mexiko ab und ist Patrick bis heute im Gedächtnis geblieben. Er war in einer Gegend unterwegs, die in keinem Reiseführer aufgeführt ist: staubige Straßen, einfache Hütten, kein touristisches Ambiente. Genau dorthin zieht es ihn. Nicht wegen des Abenteuers, sondern weil er dort das echte Leben spürt: ehrlich, roh und ungeschönt.

Am Abend saß er an einem kleinen Taco-Stand, der von einer jungen Familie betrieben wurde. Während die Eltern das Essen zubereiteten, spielte ihre kleine Tochter barfuß, lachend und voller Energie zwischen den Plastikstühlen. Patrick verstand kaum ein Wort Spanisch und die Eltern sprachen kein Englisch. Trotzdem wurde gelacht, improvisiert und durch Gesten kommuniziert. Immer wieder halfen andere Gäste, übersetzten einzelne Wörter und lachten über die Sprachbarrieren hinweg.

In dieser Szene berührte ihn nicht die Exotik des Ortes, sondern die Selbstverständlichkeit, mit der diese Familie Lebensfreude lebte – ohne Statussymbole, ohne Absicherung, ohne Luxus. Dieses barfüßige Mädchen, das durch die staubige Straße hüpfte, besaß etwas, das viele Menschen trotz ihres Reichtums vermissen: pure Lebensfreude. Für Patrick war das mehr als nur eine nette Begegnung. Es war ein Spiegel. Eine Erinnerung daran, was wirklich zählt.

Solche Augenblicke holen ihn aus seinen Gedankenschleifen heraus. Gerade in schwierigen Phasen, wenn Grübelei oder Stress überhandnehmen, sind es diese Erlebnisse, die ihm helfen, sich zu erden. Sie zeigen ihm, dass Glück nicht in der Anzahl der Projekte, in Umsätzen oder in der Garage geparktem Luxus liegt, sondern im Augenblick, im echten Lächeln eines Kindes, in der Wärme eines improvisierten Gesprächs, in der Leichtigkeit, die entsteht, wenn niemand etwas darstellt, sondern einfach nur ist.

Heute sagt er, jede Reise habe ihn verändert, nicht immer dramatisch, aber immer ein kleines Stück. Mal war es ein Aha-Moment, mal nur ein Gedanke, der sich später als entscheidend erwies. Reisen war für ihn nie Stillstand, sondern immer Antrieb – nach außen wie nach innen.

Und genau das macht den Unterschied: Wer die Welt nicht nur sieht, sondern erlebt, wächst mit jeder neuen Begegnung. Und wer sich traut, die eigene Komfortzone zu verlassen – sei es durch ein Gespräch in einer fremden Sprache, ein Gericht, das er nicht kennt, oder einen Ort, an dem er sich zunächst fremd fühlt –, der findet dort oft das, was er am wenigsten erwartet hat: sich selbst.

4

ERFOLG BEGINNT IM KOPF UND IM HERZEN

Erfolg ist kein Zufallsprodukt. Es ist nicht nur das Ergebnis harter Arbeit. Erfolg beginnt nicht mit dem perfekten Plan oder der genialen Idee. Erfolg beginnt dort, wo Menschen bereit sind, Verantwortung für ihr Handeln zu übernehmen – und zwar im Alltag, in den kleinen Entscheidungen, im ständigen Ringen um Klarheit und Konsequenz. Wer etwas erreichen will, muss bereit sein, die Verantwortung nicht zu delegieren, sondern sie zu tragen. Dieses Kapitel ist keine Anleitung im klassischen Sinne, sondern eine Einladung zur ehrlichen Auseinandersetzung mit sich selbst – mit dem eigenen Denken, Handeln und Fühlen. Es geht um die inneren Grundlagen echten, nachhaltigen Erfolgs: um Haltung, Klarheit, Eigenverantwortung und Authentizität.

Wenn man Patrick und Dominique auf ihren Wegen begleitet, merkt man schnell, dass ihre Erfolge nicht zufällig entstanden sind. Sie sind das Ergebnis bewusster Entscheidungen, aber auch der Bereitschaft, durch Phasen des Zweifelns, Scheiterns und Umdenkens zu gehen. Es waren gerade die Herausforderungen, die sie geformt haben. Die stillen Momente, in denen es keine Zuschauer gab. Die Situationen, in denen die Entscheidung zwischen dem bequemen und dem aufrichtigen Weg getroffen werden musste. Dort zeigt sich Charakter – und genau dort zeigt sich, welches Mindset Menschen wirklich prägt.

Patrick ist ein Beispiel für gelebte Eigenverantwortung. Seine Haltung: Du kannst dich beklagen – oder du kannst etwas verändern. Er wartet nicht auf den perfekten Zeitpunkt, sondern handelt, wenn es nötig ist. Und er hat früh verstanden, dass Vertrauen in andere hilfreich sein kann, aber dass das Vertrauen in sich selbst das Fundament ist, auf dem man ein Leben aufbauen kann. Disziplin, Klarheit, der Drang zur Unabhängigkeit – das sind nicht nur Begriffe in seinem Wortschatz, sondern Prinzipien seines Lebens. Und genau das macht ihn zu einer spannenden Figur in diesem Buch. Wer seine Geschichte liest, wird nicht nur seine Entscheidungen nachvollziehen können, sondern sich immer wieder fragen: Wie hätte ich in dieser Situation gehandelt?

Dominique hingegen geht viele Dinge anders an, aber mit derselben Konsequenz. Wo Patrick aus dem Moment heraus agiert, denkt Dominique in Systemen. Für ihn ist Eigenverantwortung kein kurzfristiger Kraftakt, sondern ein langfristiges Prinzip. Diese ruhige, reflektierte Herangehensweise ist besonders wertvoll in einer Welt, die oft schnelle Antworten verlangt. Dominique lebt vor, dass nachhaltiger Erfolg nicht in der Geschwindigkeit liegt, sondern in der Stimmigkeit zwischen Denken und Handeln. Seine Stärke liegt nicht in der Lautstärke, sondern in der Beständigkeit.

Diese beiden unterschiedlichen Perspektiven zeigen eindrucksvoll, dass es nicht den einen richtigen Weg gibt, wohl aber gemeinsame Prinzipien. Eigenverantwortung ist eines davon. Im nachfolgenden Kapitel tauchen wir tiefer in dieses Thema ein. Es geht um die Frage, wie man seinen Alltag strukturiert, welche Rolle Routinen spielen und wie man mit Rückschlägen umgeht. Patrick und Dominique geben Einblicke in ihre Denkweise, in ihre kleinen Entscheidungen, die große Wirkung entfalten. Du wirst eingeladen, das eigene Verhalten zu reflektieren – und vielleicht den Mut zu finden, etwas im eigenen Leben zu verändern.

Dabei zeigt sich: Routinen sind kein starrer Tagesplan, sondern ein Werkzeug, um Klarheit zu schaffen. Gerade in einer Zeit, in der vieles volatil ist – sei es durch berufliche Umbrüche, Zeitverschiebungen oder digitale Reizüberflutung –, braucht es persönliche Anker. Für manche bedeutet das ein klar strukturierter Tagesablauf, der Sicherheit gibt. Für andere ist es die Freiheit, flexibel zu reagieren und dennoch nicht vom Kurs abzukommen. Beides hat seine Berechtigung. Entscheidend ist, ob es zu einem selbst passt und ob es das Leben leichter macht, statt es weiter zu verkomplizieren. Denn echte Eigenverantwortung bedeutet auch, den eigenen Rhythmus zu kennen. Nicht jeder ist morgens um 6 Uhr produktiv. Nicht jeder funktioniert in klassischen 9-to-5-Strukturen. Wer sich selbst besser versteht, kann effektiver mit sich selbst arbeiten. Und wer lernt, auf die eigenen Signale zu hören – mental, emotional, körperlich –, wird langfristig gesünder und erfolgreicher handeln können. Es geht darum, sich selbst nicht als Maschine, sondern als lernendes, fühlendes System zu betrachten, das immer wieder neu ausgerichtet werden darf.

Doch Erfolg hat nicht nur mit Struktur zu tun, sondern auch mit Echtheit. In einer Welt, die von Oberflächlichkeit und Inszenierung geprägt ist, wird Authentizität zur seltenen, aber kostbaren Ressource. Menschen sehnen sich nach Echtheit und spüren sofort, ob jemand nur eine Rolle spielt oder wirklich meint, was er sagt. Daher widmet sich dieses Kapitel diesen essenziellen Fragen:

- Wie gelingt es, authentisch zu bleiben, im Alltag, im Beruf, auf Social Media?
- Wie viel Ehrlichkeit verträgt der Erfolg?
- Und wie viel Unehrlichkeit kostet er uns langfristig?

Patrick zeigt uns, wie kraftvoll Authentizität sein kann. Sein Weg ist geprägt von Klarheit, Direktheit und dem Wunsch, echten Mehrwert zu schaffen. Er lässt sich nicht blenden von Statussymbolen oder Likes. Für ihn zählt, was Substanz hat. Er weiß: Wer sich verstellt, verliert nicht nur sich selbst, sondern auch das Vertrauen seiner Mitmenschen. Sein Erfolgsrezept ist kein Trick – es ist die Entscheidung, echt zu bleiben. Auch wenn das manchmal unbequemer ist.

Dominique teilt diese Grundhaltung – auf seine Weise. Für ihn ist Ehrlichkeit nicht gleichbedeutend mit Schonungslosigkeit. Er denkt weiter: Ehrlichkeit ist eine Haltung. Es geht darum, transparent zu sein, auch wenn die Wahrheit unbequem ist. Er zeigt, dass man sowohl klar als auch respektvoll sein kann und dass genau diese Kombination Vertrauen schafft. In seinen beruflichen wie privaten Beziehungen ist das eine tragende Säule seines Erfolgs. Was beide gemeinsam haben: Sie leben, was sie sagen. Ihre Haltung ist nicht aufgesetzt, sondern gewachsen – durch Erfahrungen, durch Krisen, durch Selbstreflexion. Dieses Kapitel ist ein Plädoyer dafür, sich selbst nicht zu verlieren. Und sich nicht kleinzumachen, um anderen zu gefallen. Wer sich selbst kennt und seinen Werten treu bleibt, wird nicht nur zufriedener leben, sondern auch nachhaltiger erfolgreich sein.

Gerade in einer Zeit, in der wir ständig von außen bewertet werden, durch Klicks, durch Kommentare, durch algorithmische Relevanz, wird es umso wichtiger, eine innere Basis zu haben. Wer keine klare Vorstellung von sich selbst hat, wird leichter manipulierbar. Wer sich an äußeren Maßstäben orientiert, läuft Gefahr, sich zu verlieren. Authentizität ist dann nicht nur eine ethische Entscheidung, sondern eine Frage der mentalen Gesundheit. Denn nur wer bei sich bleibt, kann auf Dauer stabil bleiben, auch wenn sich die Welt um ihn herum immer schneller dreht.

Dieses Kapitel ist nicht dazu da, einfache Antworten zu geben. Es will Fragen stellen. Gute Fragen. Fragen, die vielleicht ein wenig unangenehm sind, aber genau deshalb zu echten Antworten führen. Es ist eine Einladung, dich selbst zu entdecken. Nicht als Projekt, sondern als Mensch. Als jemand, der jeden Tag die Chance hat, sich bewusst zu entscheiden. Für Klarheit. Für Verantwortung. Für Echtheit.

Erfolg, so zeigen es die Geschichten von Patrick und Dominique, beginnt im Inneren. Nicht mit der perfekten Gelegenheit, sondern mit der Entscheidung, sich selbst ernst zu nehmen. Es ist eine Reise, die nicht immer einfach ist – aber sie ist es wert. Und du bist eingeladen, dich auf diese Reise zu begeben. Denn am Ende geht es nicht nur darum, was du erreichst, sondern wer du dabei wirst. Willkommen in Kapitel 4. Willkommen bei den Grundlagen echten Erfolgs.

Niemand kommt, um dich zu retten: Über Eigenverantwortung und innere Stärke

Die Art und Weise, wie Menschen mit Herausforderungen umgehen, ist sehr individuell. So auch bei Patrick und Dominique. Während Patrick für sein striktes Zeitmanagement bekannt ist und seine Routinen liebt, setzt Dominique auf flexible Lösungen. Er konzentriert sich auf das Wesentliche, auf das, was im Moment ansteht, und passt seine Vorgehensweise je nach Bedarf an.

Die Eigenverantwortung. Wir sind für unser Leben und unser Handeln verantwortlich. Wir alleine sind dafür verantwortlich, unsere Probleme zu lösen. Ein zentraler Punkt der Eigenverantwortung ist es, Probleme aktiv anzugehen und zu lösen, anstatt sie aufzuschieben oder ihnen aus dem Weg zu gehen. Dominique verfolgt einen pragmatischen Ansatz und geht Herausforderungen Schritt für Schritt an, anstatt langfristige, starre Pläne zu erstellen. Durch diese Herangehensweise kann er sich kontinuierlich an neue Gegebenheiten anpassen und flexibel auf Veränderungen reagieren.

Patrick ist ein absoluter Verfechter der Eigenverantwortung. Aber er geht damit ganz eigene Wege. Schon früh war ihm klar, dass finanzieller Erfolg nicht von einem festen Gehalt abhängt, sondern von der Fähigkeit, eigene Geschäftsmodelle zu entwickeln und umzusetzen. Diese Erkenntnis hat seine berufliche Laufbahn geprägt und ihn dazu motiviert, kontinuierlich nach neuen Möglichkeiten zu suchen, um finanziell unabhängig zu werden.

Patrick hatte schon immer das Bedürfnis, eigene Ideen in die Tat umzusetzen und verschiedene Geschäftsmodelle auszuprobieren. Er ließ sich von Rückschlägen nicht entmutigen, sondern sah Fehler als Teil des Lernprozesses. Im Mittelpunkt seines Handelns stand immer die Frage, wie er finanzielle Freiheit erreichen konnte. Diese Suche nach Unabhängigkeit zog sich wie ein roter Faden durch seine frühen beruflichen Jahre.

Er wusste genau, dass man nur dann langfristig glücklich und erfolgreich ist, wenn man das macht, was man liebt. Diese Überzeugung begleitete ihn durch alle Stationen seiner Entwicklung. Patrick erkannte, dass echter Erfolg nicht allein durch Leistung entsteht, sondern auch durch eine starke innere Haltung. Ein übermäßiges Ego, das ständig Bestätigung sucht, blockiert den Weg zum eigenen Erfolg. Wer sich zu sehr mit sich selbst beschäftigt, verliert die Fähigkeit, klar zu denken und mutige Entscheidungen zu treffen.

Trotz seines unermüdlichen Engagements war der finanzielle Erfolg zunächst nicht so recht in Sicht. Patrick arbeitete hart und übernahm Verantwortung, insbesondere bei einem Projekt, bei dem er maßgeblich am Aufbau einer Filiale beteiligt war. Er steckte so viel Energie und Zeit in die Arbeit, trug maßgeblich zur erfolgreichen Eröffnung bei und übernahm zahlreiche Aufgaben, die über seine eigentliche Position hinausgingen. Trotz all dieser Bemühungen blieb die finanzielle Anerkennung jedoch aus. Das Gehalt entsprach nicht dem, was er angesichts seiner herausragenden Leistungen erwartete und was er für seine Familie benötigte.

Als er seine finanzielle Situation genauer betrachtete, wurde ihm klar, dass er seine Familie nicht auf dem Niveau versorgen konnte, wie er es sich wünschte. Mit einem monatlichen Nettoverdienst von etwa 1.400 Euro sah er sich der Herausforderung gegenüber, seine Familie zu ernähren und finanziell abzusichern. Seine schwangere Frau ließ Patrick erkennen, dass sein Einkommen keine sichere Zukunft bot – ein Weckruf, der ihn zum Handeln brachte.

Statt sich in Frustration zu verlieren, nahm er die Verantwortung für seine Lebenssituation an und begann, voller Motivation, nach neuen beruflichen Möglichkeiten zu suchen. Er durchforstete Stellenanzeigen und prüfte Angebote, die ihm ein besseres Einkommen versprachen. Und tatsächlich: Er stieß auf eine Stelle, die seinen Vorstellungen entsprach, und bewarb sich spontan. Ohne lange zu zögern, nutzte er die sich bietende Chance, ging direkt zum Unternehmen und führte dort ein Vorstellungsgespräch.

Diese Episode zeigt eindrucksvoll, dass Eigenverantwortung nicht nur darin besteht, Probleme zu erkennen, sondern auch aktiv nach Lösungen zu suchen. Statt sich in seiner Komfortzone zu verstecken und sich mit seinem geringen Einkommen abzufinden, ergriff Patrick die Initiative und ging mit vollem Einsatz ins Rennen. Er entschloss sich, die Situation selbst in die Hand zu nehmen, indem er pragmatisch nach Alternativen suchte.

Diese Erfahrungen festigten seinen Entschluss, sich von starren Arbeitsstrukturen zu lösen und neue Wege zu gehen. Er stürzte sich in das Thema finanzielle Bildung und suchte nach Wegen, das Gelernte auch anderen Menschen zugänglich zu machen. So kam es zur Gründung seines Social-Media-Accounts, auf dem er sein Wissen über Investments mit der Welt teilte.

Sein Ansatz war einzigartig. Er setzte auf Authentizität und Mehrwert statt auf reine Selbstdarstellung. So konnte er eine loyale Community aufbauen, die seine Offenheit und seinen praxisorientierten Ansatz zu schätzen wusste. Sein Erfolg wuchs nicht über Nacht, sondern war das Ergebnis kontinuierlicher Arbeit, Disziplin und der Bereitschaft, sich immer wieder anzupassen.

Eigenverantwortung bedeutet für Patrick nicht nur, Chancen zu erkennen, sondern auch aktiv nach ihnen zu suchen. Diese Einstellung war der Schlüssel zu seinem Erfolg. Sie hat es ihm ermöglicht, sein Leben selbstbestimmt zu gestalten und wirtschaftlich auf eigenen Beinen zu stehen. Er hat immer gewusst, dass Rückschläge und Fehlschläge Teil des Prozesses sind. Was ihn wirklich auszeichnet, ist seine Fähigkeit, aus Fehlern zu lernen, sich davon zu erholen und immer wieder neu durchzustarten. Er lässt sich nicht von temporären Misserfolgen entmutigen, sondern geht seinen Weg mit voller Motivation und Entschlossenheit weiter.

Für Patrick gab es Momente, in denen er gerne anderen die Schuld gegeben hätte. Aber Verantwortung auf andere abzuwälzen, bringt nichts. Psychologisch betrachtet ist das Abschieben von Verantwortung auf andere ein tief verwurzelter Schutzmechanismus. Es dient dazu, das eigene Selbstbild zu stabilisieren. Denn wer Fehler eingesteht, muss sich mit den eigenen Schwächen, Unzulänglichkeiten oder falschen Entscheidungen auseinandersetzen – etwas, das für viele Menschen mit Scham oder innerem Stress verbunden ist.

Um diesen unangenehmen Gefühlen zu entkommen, sucht das Gehirn nach einem „Ausweg", einer Erklärung, die das eigene Selbst möglichst unbeschadet lässt. Diese Erklärung lautet häufig:

> **Die anderen sind schuld.**

Ein klassischer Mechanismus dahinter ist die Projektion. Dabei werden eigene Schwächen oder Ängste auf andere übertragen. Wer sich beispielsweise innerlich inkompetent fühlt, neigt dazu, die Verantwortung auf vermeintlich unfähige Kollegen oder unklare äußere Umstände zu schieben, obwohl der Ursprung des Problems in der eigenen Unsicherheit liegen könnte. Projektion hilft kurzfristig, das Selbstbild zu bewahren, verhindert aber langfristig persönliches Wachstum.

Ein weiterer Abwehrmechanismus ist die Rationalisierung. Menschen neigen dazu, eigene Entscheidungen im Nachhinein zu rechtfertigen, selbst wenn sie objektiv betrachtet falsch waren. Man erzählt sich selbst Geschichten, die das eigene Verhalten logisch und notwendig erscheinen lassen, etwa:

> **Ich konnte ja nicht anders, bei der Informationslage!**

oder

> **Wenn der andere nicht so gewesen wäre, hätte ich ganz anders reagiert.**

Diese psychologischen Mechanismen sind nicht per se „falsch“ – sie sind Teil unseres menschlichen Innenlebens. Problematisch wird es dann, wenn sie zur Gewohnheit werden und uns daran hindern, Verantwortung zu übernehmen. Denn wer sich immer als Opfer äußerer Umstände sieht, gibt seine Gestaltungsmacht aus der Hand. Entwicklung beginnt dort, wo wir aufhören, Schuld zu verteilen, und uns stattdessen fragen:

- Was war mein Anteil?
- Was kann ich künftig anders machen?

Das bedeutet nicht, dass man jede Schuld automatisch bei sich selbst suchen sollte. Es geht vielmehr darum, eine ehrliche Selbstreflexion zu entwickeln, in der man zwischen äußeren Faktoren und der eigenen Einflussmöglichkeit unterscheidet.

Eigenverantwortung heißt nicht, alles kontrollieren zu können, aber den eigenen Anteil an Situationen zu erkennen und zu nutzen, um daraus zu lernen.

Patrick hat diesen inneren Wandel selbst erlebt. Früher hätte er gern seinem Umfeld oder äußeren Umständen die Schuld gegeben, doch irgendwann begriff er, dass dieses Denken ihn nur festhält. Er lernte, dass das Zulassen von Verantwortung für das eigene Leben nicht Schwäche, sondern Stärke bedeutet. Diese Haltung prägt ihn bis heute und ist ein zentraler Bestandteil seines persönlichen und beruflichen Erfolgs.

Diese Einstellung hat es ihm ermöglicht, sein Leben selbstbestimmt zu gestalten und wirtschaftlich auf eigenen Beinen zu stehen. Er hat nie den Mut verloren, auch nicht, als es Rückschläge gab. Was ihn auszeichnet, ist seine Fähigkeit, aus Fehlern zu lernen, sich davon zu erholen und immer wieder neu durchzustarten. Er lässt sich nicht von temporären Misserfolgen entmutigen, sondern geht seinen Weg mit voller Motivation und Entschlossenheit weiter.

Eigenverantwortung ist eine der grundlegenden Säulen eines erfolgreichen und erfüllten Lebens. Verantwortung für sich zu übernehmen, bedeutet, dass man nicht darauf wartet, dass sich die Dinge von selbst ändern, sondern bewusst Verantwortung für die eigenen Entscheidungen, Handlungen und auch deren Konsequenzen übernimmt. Wer Eigenverantwortung lebt, erkennt, dass äußere Umstände zwar einen Einfluss haben, aber die eigene Reaktion darauf letztendlich den entscheidenden Unterschied macht.

Aber auch das bewusste Handeln im Alltag ist ein Teil dieses Prinzips. Wir sollten jeden Tag bewusst wahrnehmen. Dominique legt so beispielsweise großen Wert darauf, mit seinen Entscheidungen einen positiven Einfluss auf seine Umwelt zu haben. Für ihn ist es entscheidend, täglich einen Beitrag zu leisten – sei es durch seine Arbeit, durch Kommunikationen oder durch persönliche Weiterentwicklung.

Und dabei geht es nicht darum, jeden Tag die Welt zu retten. Wir sind ja schließlich nicht Tim Bendzko („Nur mal kurz die Welt retten"). Es geht darum, jeden Tag bewusst wahrzunehmen und zu versuchen, stets einen kleinen positiven Einfluss zu haben. Dabei reicht es schon aus, jemandem ein Kompliment zu machen. Dominique beschreibt es so, dass nicht nur der Beruf von Bedeutung ist, sondern jede Handlung, die zur Verbesserung der Gesellschaft beiträgt. Selbst einfache Arbeiten oder Handlungen haben eine essenzielle Funktion und tragen zur allgemeinen Lebensqualität bei.

Ein weiteres wesentliches Element der Eigenverantwortung ist das Ausschöpfen des eigenen Potenzials. Viele Menschen setzen sich unbewusst oder auch manchmal bewusst zu niedrige Ziele oder erkennen nicht, welche Möglichkeiten ihnen offenstehen. Dabei liegt es in der eigenen Hand, sich weiterzuentwickeln und persönliche Grenzen zu überwinden. Dominique betrachtet es als eine verpasste Chance, wenn jemand sein Potenzial nicht nutzt – sei es aus Angst, Bequemlichkeit oder mangelndem Selbstvertrauen. Es gibt viele Faktoren, warum Menschen ihr Potenzial nicht ausschöpfen.

Was Dominique dabei besonders wichtig ist: Für ihn bedeutet Eigenverantwortung auch, nicht nur für sich selbst zu wirken, sondern etwas Sinnvolles zu hinterlassen. Er beschreibt es so, dass jeder Tag eine neue Gelegenheit ist, einen kleinen Beitrag zur Verbesserung der Welt zu leisten. Es geht ihm nicht darum, jeden Tag Großes zu vollbringen, sondern darum, mit dem inneren Antrieb etwas zu verändern, am Ende des Tages eine Verbesserung zu erreichen. Dieser Gedanke begleitet ihn täglich. Die zwei zentralen Fragen lauten:

- Habe ich heute etwas bewirkt?
- Habe ich jemanden unterstützt, ein Projekt vorangebracht oder etwas geschaffen, das Bestand hat?

Das ist für Dominique nicht nur Motivation, sondern eine innere Haltung. Eine Haltung, die ihn auch in schwierigen Momenten fest trägt und stabil hält. Denn wer diesen inneren Anspruch hat, ist weniger anfällig für kurzfristige Ablenkungen oder äußere Entmutigung. Veränderung erfordert bewusste, entschlossene Entscheidungen. Wer sich nicht aus seiner Komfortzone herausbewegt, der bleibt in alten Mustern gefangen.

Diese Denkweise, jeden Tag als Möglichkeit zu sehen, die Welt ein kleines Stück voranzubringen, macht deutlich, wie tief verwurzelt Dominique Eigenverantwortung versteht. Für ihn endet sie nicht beim Erreichen persönlicher Ziele, sondern entfaltet ihren wahren Wert im Wirken für andere. Dadurch entsteht ein positiver Kreislauf: Wer aus Überzeugung handelt, inspiriert andere und verändert so Stück für Stück auch sein Umfeld.

Eigenverantwortung bedeutet daher auch, sich selbst herauszufordern und auch den Mut zu haben, neue Wege zu gehen. Das erfordert Disziplin, aber auch eine innere Haltung und Überzeugung, die den eigenen Einfluss auf die persönliche Entwicklung anerkennt. Erfolg ist nicht ausschließlich von äußeren Faktoren abhängig, sondern vielmehr davon, ob jemand bereit ist, sich weiterzuentwickeln und die notwendigen Schritte zu unternehmen. Erfolg ist sogar vorrangig von inneren Faktoren abhängig. Wir haben bereits gelernt, dass sowohl Patrick als auch Dominique mit verschiedenen äußeren Einflüssen aufgewachsen sind.

Bereits in seiner Schulzeit hat sich Dominique konkrete Ziele gesetzt und entwickelte daraus eine klare Vorstellung, wie er sich für seine Erfolge belohnen würde. Für ihn war es wichtig, Meilensteine festzuhalten, um sich kontinuierlich zu motivieren und seine Fortschritte sichtbar zu machen. Solche individuellen Ziele und vor allem Teilziele können eine starke Antriebsquelle sein und helfen, sich langfristig auf eine kontinuierliche Verbesserung zu konzentrieren und damit seine langfristigen Ziele zu erreichen.

Eigenverantwortung beschränkt sich jedoch nicht nur auf persönliche Erfolge. Sie beeinflusst auch die Art und Weise, wie man mit Herausforderungen, Rückschlägen und Veränderungen umgeht. Wer Verantwortung für sich selbst übernimmt, kann Krisen besser bewältigen, da er sich nicht als Opfer äußerer Umstände sieht, sondern als jemand, der aktiv nach Lösungen sucht. Menschen mit einer starken Eigenverantwortung erleben häufig eine größere innere Zufriedenheit, weil sie wissen, dass ihr Erfolg oder Misserfolg maßgeblich in ihren eigenen Händen liegt.

Dazu gehört auch die Fähigkeit, Fehler als eine Chance zu sehen. Die Chance, aus ihnen zu lernen. Eigenverantwortung bedeutet nämlich nicht, immer die richtigen Entscheidungen zu treffen, sondern aus falschen Entscheidungen die richtigen Rückschlüsse zu ziehen. Wer bereit ist, Verantwortung für sein Handeln zu übernehmen, entwickelt eine resiliente Haltung und kann sich stetig weiterentwickeln.

Eigenverantwortung ist weit mehr als nur Disziplin oder Zeitmanagement. Die Eigenverantwortung ist eine bewusste Entscheidung, das eigene Potenzial zu nutzen, Verantwortung für das eigene Handeln zu übernehmen und aktiv Veränderungen anzustreben. Wer diese Prinzipien in sein Leben integriert, schafft sich nicht nur berufliche und persönliche Erfolge, sondern trägt auch dazu bei, die Welt ein kleines Stückchen besser zu machen.

Keine Maske, kein Filter: Warum Ehrlichkeit gewinnt

Erfolg basiert nicht nur auf harter Arbeit, sondern auch auf Authentizität. Sich zu verstellen, mag kurzfristig funktionieren, aber langfristig zahlt sich Ehrlichkeit aus. Auch auf Social Media ist das ein wichtiges Thema. Patrick war da einfach immer anders.

In der heutigen Zeit, in der Social Media ein verzerrtes Bild von Erfolg und Reichtum vermittelt, wird Authentizität umso wichtiger. Viele stellen sich dort in einem Licht dar, das nicht der Realität entspricht. Insbesondere im Finanzbereich sind viele der Leute dort Betrüger. Wer langfristig erfolgreich sein will, sollte auf Authentizität setzen, statt ein falsches Bild von sich zu vermitteln.

Aber nicht nur, dass es in diesem Bereich viele Betrüger gibt, Patrick betrachtet diese Personen auch als Blender, die ein falsches Bild von Erfolg präsentieren. Er hält nichts von Inszenierungen und betont, dass wahre Erfolge nicht durch Marken, Statussymbole oder Likes auf Social Media definiert werden. Vielmehr sei es entscheidend, ehrlich zu sich selbst zu sein und sich nicht von der Scheinwelt blenden zu lassen.

Somit ist ein zentrales Prinzip für langfristigen Erfolg Authentizität. Patrick ist fest davon überzeugt, dass es sich nicht lohnt, sich zu verstellen oder jemand anderes sein zu wollen, nur um kurzfristig Anerkennung zu erhalten. Dominique bestätigt diesen Gedanken und ist sich sicher, dass Patrick früher eine Rolle gespielt hat, um dazuzugehören. Heute hingegen sei er vollkommen er selbst. Diese Entwicklung zeigt, dass langfristiger Erfolg nicht auf Fassade, sondern auf Ehrlichkeit und Konsistenz beruht.

Auch Dominiques Berufsweg ist ein Beispiel für Authentizität, Ehrlichkeit und Durchhaltevermögen. Als er sich für eine Ausbildung zum Fachinformatiker bewarb, wurde er, wie bereits erwähnt, zunächst mehrfach abgelehnt. Doch statt sich mit vagen Ausreden oder beschönigten Erklärungen zufriedenzugeben, konfrontierte er sich mit der Realität und handelte. Für ihn bedeutete, ehrlich zu sich selbst zu sein, auch: dranbleiben, nicht aufgeben und sich nicht hinter Ausreden zu verstecken. Er verschickte seine Bewerbungen immer wieder neu – so lange, bis die Firma schließlich nachgab. Diese Hartnäckigkeit war nicht aufgesetzt, sondern Ausdruck eines tiefen, inneren Anspruchs an sich selbst.

Diese Haltung zeigte sich auch im Studium. Als ein Student sich beklagte, dass er wegen zu hoher Studiengebühren jobben müsse, reagierte Dominique nicht mit Mitleid oder Phrasen, sondern traf eine klare Entscheidung: Er schrieb sich kurzerhand selbst ein, studierte mit hoher Disziplin und Ehrlichkeit gegenüber sich selbst und schloss das Studium schneller als in der Regel vorgesehen ab. Das war kein Akt der Provokation, sondern konsequentes Handeln aus innerer Überzeugung.

Für Dominique ist Ehrlichkeit keine Frage der Etikette, sondern der inneren Haltung. Das gilt besonders für seine Kommunikation: Er löst Probleme ohne Umschweife, spricht Klartext – nicht, um anzuecken, sondern weil er keine Energie für Spielchen oder Fassaden verschwendet. Gerade in Dubai profitierte er von dieser Eigenschaft. Während andere sich in diplomatischen Formulierungen und höflicher Zurückhaltung verloren, konnte er im Poloshirt bei einem Kunden erscheinen, der sonst strenge Dresscodes verlangte, denn seine Authentizität und Lösungsorientierung waren wichtiger als Äußerlichkeiten. Es war seine Ehrlichkeit, die Vertrauen schuf sowie die Tatsache, dass ein akutes Problem gelöst wurde.

Auch Patrick betont immer wieder die Kraft der Ehrlichkeit – nicht nur im Umgang mit anderen, sondern vor allem mit sich selbst. Für ihn bedeutet Beharrlichkeit nicht das sture Festhalten an Plänen, sondern das ehrliche Eingeständnis, dass einem etwas wirklich wichtig ist und dass es dafür Handlungen braucht, nicht nur Gedanken. Seiner Meinung nach scheitern viele nicht an mangelndem Wissen, sondern an mangelnder Ehrlichkeit sich selbst gegenüber. Sie reden sich ein,

> **noch nicht bereit zu sein**

oder

> **noch etwas lernen zu müssen.**

Dabei fehlt oft nur der Mut, ehrlich zu sich selbst zu sein und endlich zu handeln.

Ein weiterer zentraler Aspekt in Patricks Haltung ist die Selbstreflexion. Ehrlichkeit beginnt für ihn im Inneren. Es geht darum, nicht nur auf andere zu schauen, sondern auch regelmäßig innezuhalten und den eigenen Anteil an Situationen zu hinterfragen. Er beschreibt sich selbst als jemanden, der permanent denkt – vom Aufstehen bis zum Einschlafen. Diese intensive Auseinandersetzung mit dem eigenen Denken ist für ihn jedoch kein Selbstzweck, sondern eine Form der Ehrlichkeit mit sich selbst.

- Was will ich wirklich?
- Wo belüge ich mich vielleicht noch?
- Was muss sich verändern?

Patrick hat erkannt, dass viele Menschen nicht scheitern, weil die Welt gegen sie ist, sondern weil sie sich selbst etwas vormachen – über ihre Ziele, ihre Motivation und ihre Bereitschaft, Opfer zu bringen. Für ihn war immer klar: Es wird funktionieren! Aber nur, weil er nie aufgehört hat, sich selbst radikal ehrlich zu hinterfragen und sich dann entsprechend auszurichten.

Ehrlichkeit ist mehr als eine moralische Tugend, sie ist eine Lebenshaltung. Wer ehrlich lebt, baut nicht nur Vertrauen zu anderen auf, sondern auch eine stabile Beziehung zu sich selbst. In einer Welt, in der viele Menschen nach außen ein perfektes Bild zeichnen und dabei ihre inneren Zweifel verdrängen, ist Ehrlichkeit ein Anker. Sie zwingt uns zur Auseinandersetzung mit der Realität, auch wenn diese manchmal unbequem ist.

Ehrlichkeit zu anderen schafft Klarheit in Beziehungen. Sie verhindert Missverständnisse, baut Respekt auf und gibt dem Gegenüber die Möglichkeit, authentisch zu reagieren. Wer ehrlich kommuniziert, legt die Basis für echte Verbindung – sei es im beruflichen oder privaten Umfeld. Menschen spüren, ob jemand es wirklich ernst meint. Und langfristig zählen nicht die lautesten oder geschicktesten, sondern die verlässlichen Menschen, die Echtheit ausstrahlen.

Noch entscheidender ist die Ehrlichkeit zu sich selbst. Wer sich regelmäßig fragt:

- Was tue ich da eigentlich gerade?
- Und warum tue ich das?

entwickelt ein tiefes Verständnis für das eigene Handeln. Selbsttäuschung mag kurzfristig entlasten, langfristig führt sie in die Irre. Ehrlichkeit bedeutet auch, sich Fehler einzugestehen, Unsicherheiten zuzulassen und den Mut aufzubringen, den eigenen Weg zu hinterfragen. Nur so entsteht echte Weiterentwicklung.

Ehrlichkeit befreit. Wer sich nicht ständig verstellen muss, spart Energie. Wer nichts vortäuscht, muss keine Rolle aufrechterhalten. Diese innere Freiheit ist unbezahlbar – besonders in der heutigen Zeit. Ehrlichkeit ist keine Schwäche, sondern eine Stärke. Sie bedeutet: Ich stehe zu mir, mit allem, was dazugehört. Und genau darin liegt die Grundlage für ein stabiles, bewusstes und erfolgreiches Leben.

Dominique betrachtet Ehrlichkeit als essenziellen Faktor für Erfolg. Er kennt einen Investor, der gezielt Leute bezahlt, um seine Ideen zu kritisieren. Nur wenn sie ihn nicht überzeugen können, setzt er sie in die Tat um. Diese Methode zeigt, dass es nicht nur wichtig ist, seine eigene Meinung zu vertreten, sondern sich auch der Herausforderung zu stellen, von anderen auf den Prüfstand gestellt zu werden. Ehrlichkeit – sowohl sich selbst als auch anderen gegenüber – führt langfristig zu besseren Entscheidungen und nachhaltigem Erfolg.

Ein weiterer Aspekt der Authentizität ist Konsistenz. Menschen, die ihren Prinzipien treu bleiben, bauen Vertrauen auf, sowohl bei Geschäftspartnern als auch im persönlichen Umfeld. Für Dominique sind eine klare Kommunikation und Transparenz entscheidend. Wer offen und ehrlich auftritt, gewinnt Respekt und wird als verlässliche Person wahrgenommen. Diese Werte halfen ihm nicht nur in seiner Karriere, sondern auch dabei, langfristige Beziehungen zu knüpfen und ein solides Netzwerk aufzubauen.

Auch Patrick betont, dass ein Umfeld, das von Klarheit und Ehrlichkeit geprägt ist, entscheidend für nachhaltigen Erfolg ist. Er hat bewusst den Schritt unternommen, sich von negativen Einflüssen zu lösen und ein Umfeld zu schaffen, in dem sich ambitionierte Menschen gegenseitig unterstützen. Dabei geht es ihm nicht nur um beruflichen Erfolg, sondern auch um persönliche Weiterentwicklung und gegenseitige Inspiration.

Authentizität, Ehrlichkeit und Konsistenz sind keine kurzfristigen Erfolgskonzepte, sondern entscheidende Faktoren für nachhaltigen Erfolg. Menschen, die sich nicht verstellen, sondern klar und direkt handeln, sich von oberflächlichen Statussymbolen lösen und durch Beharrlichkeit und Durchhaltevermögen überzeugen, haben auf lange Sicht einen echten Vorteil. Sie können nicht nur langfristige Erfolge erzielen, sondern vor allem ein Leben führen, das mit ihren eigenen Werten übereinstimmt.

Wer den Mut hat, sich selbst treu zu bleiben und sich nicht von äußeren Erwartungen manipulieren zu lassen, wird nicht nur authentischer, sondern auch erfolgreicher. Erfolg beginnt nicht mit der Anpassung an gesellschaftliche Erwartungen, sondern mit der Entscheidung, sich selbst nicht zu verraten. Diese Philosophie verbindet Patrick und Dominique – und zeigt sich in jedem ihrer Schritte auf dem Weg zum Erfolg.

5

DER INNERE KOMPASS

Von Loyalität, Prinzipien und echtem Unternehmertum

In Podcasts, auf Konferenzen und in zahllosen Ratgebern wird Unternehmertum oft als eine Mischung aus Mut, Durchhaltevermögen und cleverem Geschäftsmodell beschrieben. Das ist auch an sich nicht falsch. Wer genauer hinschaut, entdeckt eine tiefere Schicht, die über Bilanzen, Wachstumskurven und Pitch-Decks hinausgeht. Es sind die inneren Werte, die über jede Entscheidung wachen. Unternehmer, die langfristig bestehen, navigieren nicht allein mit Tabellen oder Zielen, sondern mit einem moralischen Kompass. Genau hier kommen Loyalität, Prinzipientreue und die Bereitschaft, echte Verantwortung zu tragen, ins Spiel. Und genau hier setzen Patrick und Dominique an.

Beide kennen die gängigen Erfolgserzählungen aus eigener Anschauung. Sie haben erlebt, wie schnell sich Menschen in der Gründerszene blenden lassen. Sie lassen sich beispielsweise von der Aussicht auf einen Exit blenden. Wer ein Unternehmen nicht nur gründet, sondern auch nachhaltig führen will, erkennt schnell: Kapital ist ersetzbar, Patente sind kopierbar, Technologien altern. Was bleibt, ist das Vertrauen, das man sich erarbeitet hat – bei Mitarbeitern, Partnern und Investoren. Loyalität und Prinzipien sind das Fundament, auf dem jede weitere Schicht unternehmerischen Handelns aufliegt.

Loyalität fängt nicht erst mit dem Vertragsabschluss an, sondern zeigt sich in den vielen kleinen Begegnungen des Alltags. Sie zeigt sich, wenn ein Lieferant knapp kalkuliert und trotzdem Qualität liefert, weil ein Handschlag eben mehr gilt als Kleingedrucktes. Ein Gründer gibt einem Teammitglied Rückendeckung. Das kostet zwar kurzfristig Geld oder Ansehen, aber es zeigt sich dadurch die wahre Größe eines Gründers. Enttäuschungen sind sein ständiger Begleiter. Unsere Reaktion entscheidet, ob Vertrauen vergrößert oder verbrannt wird. Patrick und Dominique haben auf ihrem Weg unterschiedliche Kulturen, Branchen und Lebensbereiche kennengelernt und überall dieselbe Erfahrung gemacht: Loyalität ist selten laut, aber sie hallt am längsten nach.

Wer von Loyalität spricht, muss auch bereit sein, diese zu leben. Genau hier treten Prinzipien ins Rampenlicht. Ein Prinzip ist mehr als eine spontane Überzeugung. Es ist eine Entscheidung, die auch dann Bestand hat, wenn sie unbequem wird. Patrick lehnt zum Beispiel Werbung ab, wenn diese nicht zu seinen Werten passt. Selbst lukrative Angebote sind ihm egal. Für Dominique heißt es: In Verhandlungen lieber eine Runde länger diskutieren, als einem faulen Kompromiss zuzustimmen, dessen Konsequenzen am Ende andere tragen müssten. Prinzipien sind kein Selbstzweck. Sie sind die Leitplanke, die verhindert, dass kurzfristiger Profit die strategische Vision korrumpiert.

Aus Loyalität und Prinzipientreue erwächst ein drittes Element, das Patrick und Dominique in ihrer Arbeit – miteinander und jeder für sich – immer wieder betonen: Verantwortung. Unternehmerischer Erfolg verleitet leicht dazu, Verantwortung abzuwälzen. Verantwortung kann man nicht nach außen verschieben.

Wer ein Unternehmen führt, trägt Verantwortung. Und zwar für die Menschen, die mitarbeiten, für die Ressourcen, die genutzt werden, und für die Wirkung, die Produkte oder Dienstleistungen auf das Umfeld haben. In einem Zeitalter, in dem Konsumenten stärker denn je darauf achten, wie transparent und ehrlich Firmen agieren, kann sich niemand mehr leisten, Verantwortung nur in die Folien mit Pride-Design der Unternehmenspräsentation zu schreiben.

Diese Dreifaltigkeit aus Loyalität, Prinzipien und Verantwortung klingt abstrakt, ist aber im Tagesgeschäft sehr konkret. Wenn Patrick ein mögliches Projekt mit anderen prüft, schaut er zuerst auf das Team. Er fragt sich:

- Wie gehen die Beteiligten miteinander um?
- Wie reagieren sie, wenn etwas schiefläuft?
- Steht das Team hinter der Idee?

Dominique wägt bei jeder Ausschreibung ab, ob der potenzielle Auftraggeber zum Wertekanon passt, den er über viele Jahre definiert hat. Wer glaubt, sich solche „Luxusfilter" nicht leisten zu können, hat noch nicht verstanden, wie teuer es wird, wenn man mit illoyalen Partnern zusammenarbeitet. Ein kurzfristiger Gewinn kann den langfristigen Ruf ruinieren.

Loyalität und Prinzipien sind keine weichgespülten Schlagwörter, sondern werden im Umgang mit Enttäuschungen konsequent gelebt. Wenn ein Mitarbeiter, dem man vertraut, Geheimnisse verrät oder ein vermeintlich fairer Kooperationspartner sich als Trittbrettfahrer entpuppt, dann ist das für den Optimismus das Ende.

Patrick hat für solche Fälle eine klare Regel: Vertrauen verliert man nur einmal. Seine Konsequenz mag hart erscheinen, aber sie schützt ihn davor, Energie in Menschen zu investieren, die den Wert von Loyalität nicht teilen. Dominique handhabt das ähnlich, aber er hat auch die Mechanismen hinter Verrat und Machtspielen durch seine Erfahrungen in der Kommunalpolitik noch besser im Griff. Er weiß genau, wie wichtig es ist, emotionale Verletzung zu bearbeiten, ohne in Bitterkeit zu verfallen. Ein gebrochenes Verhältnis lässt sich heilen, aber nicht, indem man es unter den Teppich kehrt.

Ein weiterer Prüfstein für Loyalität zeigt sich, wenn Risiko ins Spiel kommt. Unternehmerisches Handeln ist nie risikofrei. Wer Prinzipien verinnerlicht hat, geht gezielt kalkulierte Risiken ein, statt blindlings zu spekulieren. Patrick diversifiziert seine Investments nicht nur nach Branchen, sondern auch nach Ethik. Unternehmen, die Menschenrechte missachten, fallen durch, egal wie verlockend die Margen sind. Dominique investiert Zeit und Geld in Weiterbildung, auch wenn das kurzfristig Gewinne schmälert. Er weiß, dass Kompetenzlücken das größte Risiko darstellen. Verantwortung bleibt sein Schutzschild gegen Alles-oder-nichts-Entscheidungen.

An dieser Stelle tritt ein weiterer Faktor in den Vordergrund, den beide als unverzichtbar erkannt haben: Netzwerke. Ein belastbares Netzwerk ist wie ein lebendiger Organismus – es wächst, erneuert sich, setzt Impulse und hält im Krisenfall zusammen. Netzwerke entstehen nicht zufällig. Wer nur Visitenkarten sammelt oder *LinkedIn*-Anfragen massenhaft bestätigt, baut keine tragfähigen Beziehungen auf. Netzwerken nach Patrick und Dominique beruht auf Gegenseitigkeit: Man gibt Rat, ohne sofort Gegenleistung einzufordern; man stellt Kontakte vor, wenn alle Beteiligten davon profitieren; und man achtet darauf, dass sich Werte überschneiden. Kooperation ist der Schlüssel zu einem starken Netzwerk, das Innovationen beschleunigt, Wissen zirkulieren lässt und in stürmischen Phasen Stabilität bietet.

Damit schließt sich der Kreis: Loyalität, Prinzipien, Verantwortung und Netzwerke sind keine isolierten Bausteine, sondern greifen ineinander. Fehlt einer, gerät das ganze System aus dem Gleichgewicht. Ein Netzwerk ohne Loyalität zerfällt, wenn der erste Gegenwind weht. Prinzipien ohne Verantwortung sind nichts als leere Worte. Verantwortung ohne Netzwerk führt zwangsläufig zur Überlastung Einzelner. Loyalität ohne klare Prinzipien ist nichts als blinde Gefolgschaft. Erst im Zusammenspiel entsteht jene resiliente Grundlage, auf der Unternehmertum mehr ist als ein schneller Exit – nämlich ein Beitrag, der Menschen, Märkte und Gesellschaft zusammenbringt.

Die kommenden Abschnitte beleuchten genau diese Zusammenhänge. Sie zeigen, dass Vertrauen und Enttäuschung oft zwei Seiten derselben Medaille sind und wie Patrick und Dominique aus Brüchen neue Stärke gewinnen konnten. Es wird deutlich, warum Prinzipien nicht an der Bürotür enden dürfen und wie konsequentes Handeln selbst mutige Entscheidungen rechtfertigt, etwa einen Spontanflug im Privatjet oder das bewusste Nein zu einem lukrativen, aber toxischen Geschäft. Thematisiert wird auch der produktive Umgang mit Risiken und dem Scheitern – von alltäglichen Missgeschicken, wie falsch ausgefüllten Formularen, bis hin zu existenziellen Fragen, ob das Geld für den nächsten Einkauf reicht. Schließlich geht es um die Kraft von Netzwerken, darum, wie aus Einzelkämpfern echte Teamplayer werden, warum Qualität wichtiger ist als Quantität und weshalb ein ehrlicher Handschlag manchmal mehr zählt als jede digitale Signatur.

Die vier Teile bilden gemeinsam ein Panorama unternehmerischer Reife. Sie legen den Fokus auf die stillen Kräfte, die sich bilanziell nicht abbilden lassen, und machen nachvollziehbar, warum Patrick und Dominique ihr Handeln längst nicht mehr nur als Job, sondern als Haltung begreifen. Wer diese Haltung übernimmt, wird feststellen: Erfolg ist kein Glücksspiel, sondern das Ergebnis einer konsequenten Umsetzung von Werten im Alltag.

Der Umgang mit Vertrauen und Enttäuschung: Loyalität als Prüfstein

In der Geschäftswelt, aber auch im persönlichen Leben, ist Loyalität ein sehr wichtiger Faktor. Sowohl für Patrick als auch für Dominique ist Vertrauen ein fundamentaler Wert, der nicht verhandelbar ist.

Man kann es nicht oft genug erklären: Loyalität bedeutet, wenn man zu Menschen, Werten oder auch Prinzipien steht. Sie zeigt sich, wenn man zu jemandem steht, auch wenn es schwer ist. Wahre Loyalität bedeutet, dass man seine Versprechen hält. Loyalität findet man in Freundschaften, in der Familie, in Geschäften und wenn man Herausforderungen annimmt. Ein loyaler Mensch spricht Probleme direkt an, bleibt an der Seite eines anderen, auch wenn es unbequem wird, und ist bereit, für Werte oder Personen einzustehen, selbst wenn es persönliche Opfer erfordert. Loyalität ist eine Einstellung, die mit Respekt, Vertrauen und auch Integrität verbunden ist.

Patrick ist davon überzeugt, dass Menschen, die ihm in den Rücken fallen und damit illoyal sind, diese Entscheidung dauerhaft und bewusst treffen. Wer sein Vertrauen einmal missbraucht, hat aus seiner Sicht keinen Platz mehr in seinem Umfeld. Auch Dominiques Werdegang zeigt, dass Loyalität ein wichtiger Faktor ist. Er zog sich nach einer Enttäuschung aus der Politik zurück, da ihm Illoyalität innerhalb seiner Fraktion entgegengebracht wurde. Damit war für ihn klar: Ohne Loyalität gibt es keine langfristige Zusammenarbeit. Dies führte auch dazu, dass er seine politische Karriere beendete.

Wie bereits geschildert, ist Dominiques prägendes Erlebnis mit zwei Kollegen aus der Kommunalpolitik ein treffendes Beispiel. Über Jahre hinweg arbeiteten sie eng mit ihm zusammen. Dominique unterstützte den einen aktiv auf dem Weg zum

Stadtverbandsvorsitz, den anderen begleitete er durch komplexe Ausschussarbeit – und investierte viel Vertrauen und Zeit in beide Beziehungen. Umso größer war die Enttäuschung, als beide sich im entscheidenden Moment von ihm abwandten. Dieses Erlebnis hat ihn in seiner Sicht auf Loyalität in der Politik nachhaltig geprägt. Er erkannte, dass nicht jeder, mit dem man einen gemeinsamen Weg geht, auch bereit ist, am Ende für einen einzustehen. Solche Erlebnisse brennen sich tief ein und verdeutlichen, wie schmerzhaft gebrochene Loyalität sein kann. Im Rückblick formulierte Dominique für sich eine wichtige Lektion:

> **Wenn man loyal ist, testen andere oft, wie weit man geht.**

Nicht jeder betrachtet Loyalität als gegenseitig – viele sehen darin vielmehr eine Einladung, die Grenzen auszureizen. Gerade weil er in der Vergangenheit oft bereit war, viel zu geben, hat er erkannt, wie wichtig es ist, rechtzeitig klare Grenzen zu setzen. Die Kunst, so sagt er heute, bestehe darin, den Moment zu erkennen, an dem man sich zurückziehe und mit innerer Klarheit sagen könne:

> **Danke, reicht.**

Diese Haltung ist nicht das Gegenteil von Loyalität, sondern ihr Schutzmechanismus. Denn unbegrenzte Loyalität führt schnell zur Selbstausbeutung, wenn sie einseitig bleibt.

Daher hat Dominique ein Prinzip entwickelt, das auf gesunder Abgrenzung basiert. Eine zweite Chance – ja, aber nur in Maßen. Doch unbegrenzte Loyalität? Die gibt es für ihn nicht mehr. Menschen, die einen Fehler gemacht haben, dürfen zeigen, dass sie dazugelernt haben. Er spricht in diesem Fall von einer

„halben Chance“ und einem Raum zur Wiedergutmachung, jedoch ohne naive Gutgläubigkeit. Diese innere Balance zwischen Vertrauen und Vorsicht hat ihn sowohl im politischen als auch im beruflichen Kontext resilienter gemacht. Es geht nicht darum, anderen misstrauisch zu begegnen, sondern darum, die eigene Integrität zu wahren und die richtigen Konsequenzen zu ziehen, wenn das Vertrauen einmal beschädigt wurde.

Ein besonders prägendes Beispiel für Dominiques Umgang mit enttäuschter Loyalität ereignete sich während eines seiner beruflichen Projekte. Über mehrere Monate arbeitete er mit einem Kollegen an einer komplexen, digitalen Infrastruktur, bei der Vertrauen, Zuverlässigkeit und klare Kommunikation essenziell waren. Anfangs verlief die Zusammenarbeit gut: Sie entwickelten gemeinsam Konzepte, stimmten sich regelmäßig ab und traten gemeinsam in der Öffentlichkeit auf. Doch mit der Zeit merkte Dominique, dass sein Kollege Absprachen nicht mehr einhielt, wichtige Informationen zurückhielt und schließlich versuchte, sich öffentlich mit Ergebnissen zu profilieren, die sie gemeinsam erarbeitet hatten.

Anstatt impulsiv zu reagieren oder das Projekt sofort zu verlassen, ging Dominique bewusst einen anderen Weg: Er sprach die Situation offen an, schilderte klar, wo er sich übergangen fühlte, und bot eine letzte Möglichkeit zur Klärung – seine „halbe Chance“. Doch statt Einsicht erntete er Ausflüchte. Das Vertrauen war damit nachhaltig beschädigt. Dominique zog seine Konsequenzen, sachlich, ruhig, aber eindeutig. Er beendete die Zusammenarbeit, übergab seine Verantwortlichkeiten geordnet und machte intern deutlich, weshalb er diesen Schritt ging.

Diese Erfahrung bestätigte ihn in seiner Haltung: Vertrauen ist ein hohes Gut, aber keine Einbahnstraße. Wer sich loyal verhält, darf auch erwarten, dass dieses Verhalten erwidert wird. Wer wiederholt Vertrauen verspielt, zeigt, dass er keinen Platz in einem Umfeld verdient, das auf Integrität basiert. Für Dominique war dieser Vorfall nicht nur ein beruflicher Einschnitt, sondern auch eine Erinnerung daran, dass echte Loyalität nicht laut sein muss, aber dass sie klare Konsequenzen braucht, wenn sie gebrochen wird.

Illoyalität zeigt sich selten direkt. Sie kommt oft leise, in kleinen Gesten, in ausweichenden Antworten oder verschobenen Verantwortlichkeiten. Patrick und Dominique haben beide gelernt, diese subtilen Signale früh zu erkennen. Ein typisches Muster beginnt mit übertriebener Freundlichkeit oder strategisch platzierten Komplimenten, oft gekoppelt mit schnellem Aktionismus. Menschen, die von Anfang an zu viel versprechen, ohne echte Substanz zu zeigen, sind für Patrick ein Warnsignal. Wer gleich zu Beginn alle Türen aufreißt, plant meist auch schon seinen Rückzug, sobald es unbequem wird.

Ein weiteres Muster ist die selektive Kommunikation. Es gibt Partner, die in Erfolgsphasen sehr präsent sind, in schwierigen Momenten aber abtauchen oder Probleme beschönigen. Statt Klartext zu sprechen, verschieben sie Verantwortung oder relativieren Fehler. Dominique nennt das „die Teflon-Mentalität" – alles rutscht ab, nichts bleibt haften. Solche Menschen übernehmen keine Verantwortung und wahren vor allem ihr eigenes Bild nach außen. Für ihn ist das ein klares Zeichen mangelnder Loyalität. Denn wahre Verlässlichkeit zeigt sich nicht, wenn alles gut läuft, sondern wenn es knirscht.

Auch Opportunismus ist ein verbreitetes Muster: Menschen, die sich an die Seite von Erfolg stellen, aber sich bei Gegenwind sofort distanzieren. Gerade in der Politik hat Dominique das oft erlebt – Kollegen, die nur dann sichtbar waren, wenn mediale Aufmerksamkeit winkte, aber im Hintergrund keine Verantwortung übernehmen wollten. Diese Art von Illoyalität ist besonders destruktiv, weil sie Vertrauen untergräbt und langfristige Zusammenarbeit unmöglich macht.

Für Patrick ist Illoyalität oft gekoppelt mit einem Mangel an Integrität. Wenn jemand hinter dem Rücken spricht, Deals hinter dem Rücken abschließt oder bewusst Informationen zurückhält, wird die Beziehung für ihn untragbar. Er setzt stattdessen auf klare Absprachen, transparente Kommunikation und das Prinzip:

> **Was ich sage, gilt.**

Wer dieses Prinzip verletzt, verliert sein Vertrauen – nicht aus Trotz, sondern aus Selbstschutz. Diese Muster sind für beide nicht nur persönliche Erfahrungen, sondern strategische Indikatoren. Wer sie früh erkennt, schützt sich vor langfristigem Schaden, geschäftlich wie emotional. Denn Loyalität ist für Patrick und Dominique kein Bonus, sondern die Grundlage jeder ernstzunehmenden Zusammenarbeit.

Dominique hat einen deutlichen Unterschied zwischen dem Umgang mit Loyalität in verschiedenen Regionen der Welt festgestellt. Besonders beeindruckend ist für ihn der Nahe Osten. Je weiter man in Richtung Osten reist, desto mehr rücken Werte wie Loyalität, Handschlagqualität und gesichtswahrender Umgang in den Vordergrund. Im Nahen Osten erlebt er Loyalität nicht nur als leeres Versprechen, sondern als echten Wert, der gelebt wird. Ein Handschlag hat dort eine ganz andere Bedeutung als in Europa – er ist verbindlich, respektvoll und persönlich. Menschen dort messen dem zwischenmenschlichen Umgang eine hohe Bedeutung bei und das zeigt sich auch im beruflichen Kontext.

Im Kontrast dazu beschreibt Dominique die europäische Mentalität als zunehmend oberflächlich. Es geht weniger um Inhalte oder echte Werte, sondern mehr um die äußere Wirkung und politische Taktik. Besonders in den USA ist diese Entwicklung noch stärker ausgeprägt. Die Amerikaner sind, so sein

Eindruck, wahre Meister der Oberflächlichkeit. Alles wird gut gefunden, nichts wird hinterfragt, solange der andere im Raum ist. Dominique kann diese Haltung nicht nachvollziehen, da sie aus seiner Sicht der Tiefe und Ernsthaftigkeit echter Beziehungen entgegensteht.

Für beide ist ein Handschlag verbindlicher als jeder Vertrag. Geschäfte basieren für sie nicht nur auf juristischen Gegebenheiten und Verträgen, sondern auf gegenseitigem Vertrauen und Verlässlichkeit. Wenn jemand diesen Grundsatz missachtet, zieht das klare Konsequenzen nach sich. Patrick sagt ganz klar, dass er keine zweiten Chancen vergibt, wenn sein Vertrauen gebrochen wird. Für ihn ist ein einmaliger Vertrauensbruch ein endgültiger Bruch. Und diese Ansicht mag für viele radikal erscheinen, doch sie basiert auf der Überzeugung, dass Erfolg nur mit den richtigen Menschen im Umfeld langfristig möglich ist.

In der heutigen Zeit, in der Schnelllebigkeit und kurzfristige Erfolge oft über langfristige Werte gestellt werden, ist Loyalität ein zunehmend seltenes Gut. Viele Menschen setzen auf kurzfristige Vorteile, ohne sich darüber bewusst zu sein, dass Beziehungen und Vertrauen oft die Basis für nachhaltigen Erfolg sind. Dominique und Patrick haben durch ihre Erfahrungen erkannt, dass Menschen, die in schwierigen Zeiten loyal bleiben, diejenigen sind, mit denen man auch in Zukunft arbeiten und wachsen kann.

Aber Loyalität zeigt sich auch in Situationen, die Misserfolge und Herausforderungen mit sich bringen. Während einige sich bei dem kleinsten Rückschlag sofort distanzieren, bleiben loyale Menschen auch dann an Bord, wenn es schwierig wird. Diese Art der Verlässlichkeit und des Vertrauens ist es, die langfristige und tief verwurzelte Beziehungen aufbaut, sowohl im Geschäftsleben als auch im privaten Bereich.

Ein weiteres Zeichen von Loyalität ist das Einhalten von Absprachen. Patrick und Dominique vertreten die Ansicht, dass Ehrlichkeit und Transparenz wichtiger sind als kurzfristige taktische Vorteile. Wer sein Wort nicht hält, wird langfristig kein Vertrauen aufbauen können, was letztendlich jede Form von nachhaltigem Erfolg verhindert.

Patrick bringt es auf den Punkt:

> **Ich gebe jedem eine Chance und merke schnell, ob es passt. Sonst ist die Person sofort draußen, notfalls per Anwalt.**

Diese Einstellung steht für eine klare Erwartungshaltung und eine ebenso klare Konsequenz. Für ihn ist Loyalität kein leeres Versprechen, sondern ein Wert mit Handlungsfolge. Wer loyal handelt, wird belohnt, wer es nicht tut, hat keinen Platz in seinem Umfeld.

Prinzipien und Bauchgefühl: Entscheidungsstärke in der Geschäftswelt

Loyalität ist nicht das einzige wichtige Thema im Unternehmertum. Auch Authentizität, Prinzipientreue und Entscheidungsstärke spielen eine entscheidende Rolle. Sowohl Patrick als auch Dominique treffen ihre Entscheidungen nicht blindlings, aber ihre Herangehensweisen könnten unterschiedlicher kaum sein. Während Patrick vor allem mit kühlem Kopf analysiert und seine Entscheidungen auf der Grundlage klarer Daten und Strategien trifft, verlässt sich Dominique häufig auf sein Bauchgefühl. Gerade dieser Kontrast zeigt, dass Erfolg nicht nur auf *eine* Weise entsteht, sondern dass es vor allem auf die Konsequenz ankommt, mit der man seinen eigenen Weg geht.

Dominique hatte seine ganz eigene Herangehensweise. Für ihn war Handeln ein zentrales Prinzip. Nicht reden, nicht zaudern, sondern umsetzen. Als bei einer Immobilie plötzlich eine unklare Situation entstand, setzte er sich kurzerhand in einen Privatflieger, um persönlich zur Eigentümerversammlung zu erscheinen, die für ihn hätte sehr teuer werden können. Kein langes Abwägen, keine zeitraubenden Diskussionen. Für ihn war klar: Wenn ein Problem auftritt, muss es direkt und persönlich an der Wurzel gepackt werden. Diese Direktheit ist Ausdruck einer tief verankerten Haltung, nämlich der, dass man Verantwortung nicht delegieren, sondern aktiv übernehmen muss.

Dabei lässt sich Dominique bei seinen Entscheidungen stark von seinem inneren Gefühl leiten. Er formuliert es so: Wenn sich etwas im Bauch nicht gut anfühlt, ist es das nicht. Ganz gleich, ob es um Investitionen, Kooperationen oder Aufträge geht – für ihn muss sich der Gedanke an das Projekt „richtig" anfühlen. Und das unabhängig davon, ob es wirtschaftlich vielversprechend wirkt oder auf dem Papier Sinn ergibt:

> **Mir ist egal, ob es um die Arbeit, private Entscheidungen oder auch Immobilien geht – wenn der Bauch krampft, lasse ich es.**

Diese Haltung beschreibt nicht nur eine persönliche Präferenz, sondern einen konkreten Mechanismus: Das Bauchgefühl ist für ihn ein Frühwarnsystem. Ein Instinkt, der sich über Jahre gebildet hat und aus Erfahrungen, Menschenkenntnis und einem ethischen Kompass gespeist wird.

Nicht nur Loyalität ist ein wichtiges Thema im Unternehmertum. Auch Authentizität und Prinzipien spielen eine entscheidende Rolle.

Dominique vertraut darauf, dass sein Körper und seine Intuition Dinge erkennen, bevor sein Verstand sie vollständig durchdrungen hat. In einer Welt, in der immer mehr Daten, Analysen und Expertenmeinungen verfügbar sind, ist seine Intuition ein wertvolles Werkzeug. Denn sie schützt ihn davor, sich in scheinbar perfekten Gelegenheiten zu verlieren, die langfristig nicht zu ihm passen – zumal sich Zahlen bekanntlich so zurechtbiegen lassen, dass sie jede Geschichte erzählen.

Intuition ist nicht irrational, sondern schnell. Sie funktioniert wie ein innerer Abgleich mit den eigenen Werten. Und genau das ist für Dominique zentral: Ein Geschäft darf nie nur auf Zahlen basieren, es muss mit dem Menschen harmonieren, der es führt. Patrick hingegen tickt anders. Für ihn steht die Analyse an erster Stelle. Er ist davon überzeugt, dass gute Entscheidungen auf guten Informationen basieren. Er recherchiert, prüft, vergleicht und kalkuliert. Bauchentscheidungen sind für ihn kein rotes Tuch, spielen aber eine deutlich untergeordnete Rolle. Patrick baut auf Systeme, auf klare Abläufe und verlässliche Daten. Sein rationaler Zugang hilft ihm, Risiken objektiv einzuschätzen und fundierte Geschäftsmodelle zu entwickeln.

Interessanterweise war das nicht immer so. Patrick selbst beschreibt, dass er früher ein sehr emotionaler Mensch war. Er traf Entscheidungen häufig aus dem Moment heraus, getrieben von spontanen Impulsen oder einem diffusen Gefühl von Dringlichkeit. Diese emotionale Herangehensweise hatte manchmal gute, oft aber auch herausfordernde Folgen – etwa wenn er zu schnell Vertrauen schenkte oder zu impulsiv handelte. Es waren Rückschläge, Fehler und Enttäuschungen, die ihn zu einem strukturierteren Denken geführt haben. Die Rationalität war für ihn keine angeborene Eigenschaft, sondern eine erlernte Reaktion, ein Schutzschild gegen Fehlentscheidungen und unnötige Verluste.

Heute ist er ein Mensch, der seinen Kopf zu nutzen weiß, aber dabei sein Herz nicht verleugnet. Er versteht sich nicht als kalter Rechner, sondern als jemand, der gelernt hat, mit inneren Spannungen umzugehen. Gerade in schwierigen Phasen hilft ihm diese Rationalität, handlungsfähig zu bleiben. Während andere in Panik verfallen, bleibt er ruhig. Wenn Unsicherheit herrscht, sucht er nach Mustern und Erfahrungswerten, auf denen er aufbauen kann. Diese Fähigkeit, Emotionen nicht auszublenden, sondern einzuordnen, ist für ihn zu einem wesentlichen Erfolgsfaktor geworden.

Und doch gibt es Momente, in denen selbst Patrick nicht rein rational bleibt und das ist ihm durchaus bewusst.

> **Man ist nicht immer rational,**

sagt er mit einem halben Lächeln und meint damit auch: Man muss es nicht immer sein. Die Kunst besteht für ihn darin, zu wissen, wann der Verstand führen sollte und wann es in Ordnung ist, dem Herzen oder der Sehnsucht Raum zu geben.

In diesem Spannungsfeld zwischen Verstand und Gefühl bewegt sich Patrick mit einer gewissen Gelassenheit. Er verlangt von sich keine perfekte Ratio, sondern eine bewusste Steuerung. Seine Entscheidungen sind selten impulsiv, aber auch nie gefühllos. In geschäftlichen Kontexten analysiert er sorgfältig, wägt ab und entwickelt Szenarien. Doch selbst dort achtet er mittlerweile auch auf kleine Signale: eine irritierende Formulierung in einer E-Mail, eine unklare Körpersprache beim Gesprächspartner oder ein ungutes Gefühl bei einer Präsentation. Es sind subtile Hinweise, die er früher vielleicht ignoriert hätte, heute bezieht er sie mit ein, ohne sich von ihnen dominieren zu lassen.

Patrick beschreibt diese Entwicklung als einen seiner größten persönlichen Lernprozesse: von einem getriebenen, emotional agierenden Menschen zu jemandem, der nicht nur Kontrolle über sein Handeln, sondern auch über seine inneren Impulse hat. Dabei geht es nicht um Verdrängung, sondern um Integration. Emotionen gehören für ihn dazu, aber sie übernehmen nicht die Kontrolle.

Entscheidungsstärke bedeutet für ihn daher nicht nur, eine kluge Wahl zu treffen, sondern auch zu wissen, wann man innehalten muss, wann man Abstand benötigt, wann man besser noch eine Nacht darüber schläft. Und wann es sich lohnt, einen „irrationalen" Wunsch zu erfüllen – weil man es kann und nicht, weil man es muss.

Diese reflektierte Haltung ist ein Gegenentwurf zu dem, was viele in der Unternehmerwelt als Stärke missverstehen. Dauerhustle, blinder Aktionismus oder das Ignorieren innerer Konflikte. Für Patrick bedeutet echte Stärke, sich selbst zu kennen – mit Kopf und Herz. Wenn man also in der Lage ist, aus dieser Selbstkenntnis heraus verlässliche Entscheidungen zu treffen, die nicht nur wirtschaftlich, sondern auch menschlich tragfähig sind.

Dieser Unterschied zeigt sich insbesondere in der Anfangsphase von Projekten. Während Dominique relativ schnell erkennt, ob sich etwas „richtig" anfühlt, benötigt Patrick in der Regel mehr Zeit, um sich ein vollständiges Bild zu machen. Er stellt viele Fragen. Für ihn ist es kein Widerspruch, einem Projekt Zeit zu geben, im Gegenteil: Er sieht darin eine Verantwortung gegenüber sich selbst und seinem Umfeld. Wer unvorbereitet handelt, handelt fahrlässig. Jedoch hat Patrick über die Jahre auch gelernt, sehr schnell anhand verschiedener Faktoren zu erkennen, inwieweit ein Projekt eine Zukunft hat, und kann hier schon sehr früh das Potenzial erkennen.

So unterschiedlich die Herangehensweisen auch sind, sie führen bei beiden zu nachhaltigem Erfolg. Der Grund ist, dass beide sich ihrer Prinzipien bewusst sind und konsequent danach handeln. Dominique trifft intuitive Entscheidungen, weil er gelernt hat, seiner Intuition zu vertrauen. Patrick trifft rational fundierte Entscheidungen, weil er seine analytische Stärke kennt und nutzt. Entscheidend ist nicht die Methode, sondern die innere Klarheit, mit der beide ihren Weg gehen.

Tatsächlich ergänzen sich beide Ansätze hervorragend. Patrick kann durch seine strukturierte Analyse blinde Flecken aufdecken, die in einem intuitiven Prozess möglicherweise übersehen würden. Dominique wiederum trifft oft schnellere Einschätzungen, bei denen er zwischenmenschliche Aspekte berücksichtigt, die sich nicht in Zahlen messen lassen. Durch die Kombination dieser beiden Perspektiven entsteht in der Zusammenarbeit ein umfassendes Bild, das sowohl rationale als auch emotionale Aspekte umfasst. In der Geschäftswelt wird oft der Eindruck vermittelt, dass ausschließlich rationale Entscheidungen langfristig tragfähig sind.

Wer sich jedoch ausschließlich auf den Verstand verlässt, läuft Gefahr, emotionale Signale zu übersehen. Menschen handeln nicht nur wirtschaftlich, sondern auch emotional, kulturell, aus

Tradition, Loyalität oder aus Angst heraus. Entscheidungen, die ausschließlich auf Zahlen basieren, verlieren oft den Blick für das Menschliche. Umgekehrt ist auch klar: Wer ausschließlich seinem Bauchgefühl folgt, ohne es mit Fakten zu unterfüttern, riskiert, sich in Projekten zu verlieren, die wenig Aussicht auf Erfolg haben.

Deshalb ist ein Gleichgewicht zwischen Gefühl und Verstand so entscheidend. Für Dominique bedeutet das, das Bauchgefühl als Ausgangspunkt zu nehmen und anschließend zu prüfen, ob die Fakten stimmen. Patrick hingegen startet mit den Fakten und lässt dann auch seine innere Stimme zu Wort kommen. Beide Strategien verlangen Aufmerksamkeit, Reflexion und Ehrlichkeit sich selbst gegenüber.

Diese innere Klarheit ist vielleicht der entscheidendste Punkt. Denn viele Unternehmer scheitern nicht an fehlenden Informationen, sondern an Unentschlossenheit, Selbstzweifeln oder einem mangelnden Wertefundament. Wer weiß, worauf er hört – sei es der Kopf oder der Bauch –, verfügt über ein starkes Navigationssystem, das ihn auch in Krisen leitet.

Im Unternehmertum geht es am Ende nicht nur darum, was man entscheidet, sondern wie man entscheidet. Ob mit Herz, Kopf oder beidem: Wichtig ist, dass die Entscheidung zu einem passt, dass sie von Prinzipien und einem klaren Bewusstsein für Verantwortung getragen ist. Patrick und Dominique stehen exemplarisch für zwei unterschiedliche, aber gleichermaßen wirkungsvolle Ansätze. Sie beweisen, dass man nicht gleich ticken muss, um erfolgreich zu sein, solange man konsequent ist in dem, was man tut.

Denn die beste Entscheidung ist die, die man mit klarem Kopf, festem Herz und einem sicheren Gespür für das, was wirklich zählt, trifft.

Risiken, Rückschläge und die Kunst des Wiederaufstehens

Jeder erfolgreiche Unternehmer hat Fehlschläge hinter sich. Die Frage ist jedoch, wie man mit diesen umgeht. Fehler, Rückschläge und Krisen gehören zum unternehmerischen Alltag dazu und sind die Abenteuer, die uns prägen und stärken. Erfolgreiche Persönlichkeiten lassen sich nicht entmutigen, sondern lernen aus jedem Misserfolg und gehen gestärkt daraus hervor.

Dominique hat eine Zeit lang bei einem großen deutschen IT-Unternehmen gearbeitet und beschreibt seine Zeit dort als ein verschwendetes Jahr, in dem er sich völlig unterfordert gefühlt hat. Dabei fiel ihm auf, dass er dort auch einfach die Punkte auf der Tapete zählen könnte und niemand würde bemerken, ob er produktiv war oder nicht.

Vielleicht werden jetzt viele denken, dass das doch eine gute Sache ist. Geld verdienen, ohne etwas dafür zu tun. Doch erfüllt es einen wirklich, zu wissen, dass man den ganzen Tag nichts Sinnvolles zu tun hat? Diese Erfahrung hat Dominique gezeigt, dass er keine Zeit in Tätigkeiten investieren möchte, die gut bezahlt werde, aber ihn nicht fordern oder weiterbringen. Er hätte dortbleiben können, jedoch muss man sich immer im Klaren darüber sein, dass einen das langfristig nicht weiterbringt. Einen sicheren Job aufzugeben, um persönliche Weiterentwicklung zu ermöglichen, bedeutet immer auch, ein gewisses Risiko einzugehen.

Jeder macht Fehler. 2022 mussten Grundsteuerbescheide ausgefüllt werden, so musste das auch Dominique für seine Wohnungen machen. Durch eine Recherche hat er diese selbst ausgefüllt und dabei versehentlich eine falsche Angabe gemacht. Man sieht: Nicht alles kann auf Anhieb richtig gemacht werden. Mithilfe von anwaltlicher Unterstützung, dem offenen Dialog mit den Behörden und einer erneuten Recherche konnte das Ganze korrigiert werden.

Eine andere Erfahrung war der Kauf eines Jeeps, welcher aufgrund von zusätzlichen Scheinwerfern für die Wüste als nicht versicherbar galt. Das hat er jedoch erst nach dem Kauf festgestellt. Doch anstatt sich über diesen Fehler zu ärgern, verkaufte er den Jeep mit Gewinn weiter. Hierbei sieht man, dass man selbst aus Fehltritten oder auch Fehlentscheiden positive Dinge ziehen kann. Probleme, welche durch Fehlentscheidungen oder Fehltritte entstehen, sind dafür da, das Beste daraus zu machen und daraus zu lernen. In Zukunft wird Dominique sich vorher anschauen, ob das Auto, so wie es ist, auch versicherbar ist. Das zeigt seine Fähigkeit, Probleme pragmatisch zu lösen und aus Fehlern Kapital zu schlagen.

Auch Patrick kennt schwierige Zeiten. Vor vielen Jahren stand er im *Aldi* und weinte. Er konnte sich keine Lebensmittel mehr leisten. Das war der Moment, in dem der Schmerz groß genug war, und er wusste, dass er weitermachen muss. Denn für ihn zählt nicht das Scheitern, sondern das Weitermachen. Sein Weg als Unternehmer war mit vielen Herausforderungen verbunden, von zahlreichen Gewerbeanmeldungen bis hin zu gescheiterten Projekten. Doch er sieht diese Rückschläge als notwendigen Teil des Prozesses. Für ihn gehört es zum Unternehmertum dazu, Dinge auszuprobieren und dabei auch zu scheitern. Was letztlich zählt, ist die Fähigkeit, aufzustehen und weiterzumachen.

Es gab Momente, in denen er nicht mehr weiterwusste und kurz davor war, aufzugeben. Doch anstatt sich dem Gefühl der Überforderung hinzugeben, reflektierte er und entschied sich bewusst dafür, weiterzumachen. Dieser innere Dialog – die bewusste Entscheidung, nicht aufzugeben – war für ihn der Schlüssel, um trotz Rückschlägen immer wieder aufzustehen und weiterzumachen. Ein prägendes Erlebnis war für Patrick die Erkenntnis, dass man manchmal die eigenen Grenzen akzeptieren muss, um daraus Stärke zu gewinnen. Er hat sich ein inneres Ökosystem geschaffen – einen Rückzugsort, der ihm Kraft gibt, wenn er sich am Tiefpunkt fühlt. Dieses mentale Schutznetz ist sein Superheld, der ihm hilft, sich aus negativen Gedanken zu befreien und seine Motivation wiederzufinden. Diese bewusste Auseinandersetzung mit den eigenen Gefühlen und Herausforderungen hat ihn zu einem resilienten und starken Menschen gemacht.

Patrick hat auch in anderen Bereichen des Lebens wertvolle Einsichten gewonnen. Seine Erfahrungen mit sozialen Ungleichheiten haben ihn nachhaltig geprägt. Er sieht sich nicht als jemand, der besser oder wertvoller ist als andere – eine Einstellung, die ihm hilft, mit offenen Augen in die Zukunft zu blicken. Diese Einstellung hat ihn auf den Boden der Tatsachen zurückgeholt und dazu geführt, Menschen auf Augenhöhe zu begegnen, unabhängig von ihrem sozialen Status. Er hat mit Obdachlosen auf der Straße gesessen, mit ihnen gesprochen und gegessen. Diese Begegnungen haben ihm gezeigt, dass Erfolg und Wohlstand keine Garantie für persönliche Überlegenheit sind. Für ihn ist es wichtig, Demut zu bewahren und sich selbst nicht als etwas Besseres zu betrachten.

Dominique verfolgt eine ähnliche Philosophie. Er ist überzeugt, dass man jeden Fehler einmal machen kann, solange man daraus lernt und er sich mit Geld oder juristischen Mitteln lösen lässt. Diese Herangehensweise spiegelt seinen pragmatischen Ansatz wider: Probleme sollten nicht als unüberwindbare Hindernisse betrachtet werden, sondern als Herausforderungen, die mit der richtigen Strategie bewältigt werden können.

Langfristig gesehen ist der Umgang mit Krisen ein entscheidender Faktor für Erfolg. Wer nach einem Rückschlag aufgibt, hat keine Chance, langfristig erfolgreich zu sein. Sowohl Patrick als auch Dominique haben erlebt, dass Krisen nicht das Ende bedeuten, sondern oft ein Wendepunkt sein können. Unternehmen scheitern, Investitionen gehen schief, Entscheidungen erweisen sich als falsch, doch das alles sind nur Stationen auf dem Weg zum Erfolg. Wer sich von Misserfolgen nicht entmutigen lässt, sondern daraus lernt und stärker zurückkommt, wird langfristig erfolgreicher sein als jemand, der sich von jedem Rückschlag entmutigen lässt.

Unternehmertum besteht nicht nur aus strategischem Handeln und harter Arbeit, sondern auch aus klaren Prinzipien, Loyalität und der Bereitschaft, Risiken einzugehen. Wer sich auf sein Netzwerk verlässt, konsequent handelt und aus Fehlern lernt, wird langfristig erfolgreich sein. Für Patrick und Dominique ist Unternehmertum kein bloßes Geschäft, sondern eine Lebenseinstellung, geprägt von Vertrauen, Klarheit und der Fähigkeit, sich immer wieder neuen Herausforderungen zu stellen.

Doch Scheitern ist nicht nur ein persönliches, sondern auch ein strukturelles Thema, besonders in Deutschland. Laut einer Studie des Bundesministeriums für Wirtschaft und Energie (BMWi) werden jährlich rund 550.000 neue Gewerbe angemeldet. Davon wird etwa ein Drittel innerhalb der ersten drei Jahre wieder abgemeldet. Das bedeutet, dass Hunderttausende Gründer ihre Ideen aus den unterschiedlichsten Gründen aufgeben müssen: Die Finanzierung ist gescheitert, das Geschäftsmodell ist nicht tragfähig, die Partnerwahl war falsch oder es gibt keine Nachfrage. Diese Zahlen zeigen, dass Scheitern keine Ausnahme ist, sondern Teil des Spiels.

Doch was sagt das über unsere Gesellschaft aus? In vielen Ländern, insbesondere im angelsächsischen Raum, gilt Scheitern als wertvolle Erfahrung. In den USA ist es beispielsweise nichts Ungewöhnliches, wenn ein Unternehmer bereits mehrere gescheiterte Firmen hinter sich hat. Investoren sehen darin oft den Beweis, dass jemand gelernt hat, mit Risiken umzugehen. In Deutschland hingegen haftet dem Scheitern häufig noch ein Makel an, als wäre es ein Beweis für Inkompetenz oder mangelnden Willen.

Das führt dazu, dass viele Gründungen aus Angst vor dem Scheitern gar nicht erst realisiert werden. Die Vorstellung, mit einer Idee öffentlich zu scheitern, hält viele davon ab, ihre Träume umzusetzen. Genau hier setzen Dominique und Patrick mit ihrer Einstellung an. Sie begreifen Scheitern als notwendige Station auf dem Weg zur Weiterentwicklung. Patrick hat bereits mehrere Unternehmen gegründet und wieder geschlossen. Einige liefen nicht, andere wurden von äußeren Umständen beeinflusst. Doch jede dieser Erfahrungen war ein Puzzlestück in seiner Entwicklung als Unternehmer. Er hat nie aufgehört, zu lernen.

Diese Perspektive ist entscheidend. Denn Scheitern ist keine Sackgasse, sondern ein Spiegel. Ein Spiegel, der uns zeigt, was funktioniert hat und was nicht. Wer sich diesem Spiegel stellt, gewinnt wertvolle Erkenntnisse über sich selbst und seine Herangehensweise. Dominique kann einige solcher Lernerfahrungen ganz konkret aufzählen, so beispielsweise bei der Wohnungssuche in Dubai:

- Besichtigungen nie wieder im Dunkeln
- erst den Maklerausweis zeigen lassen

Beispiele, die für ihn heute selbstverständlich sind, welche aber aus einem echten Fehltritt entstanden sind. Ein Learning, das nicht in Lehrbüchern steht, sondern aus dem echten Leben kommt.

Reflexion spielt hierbei eine zentrale Rolle. Wer seine Fehler nicht verdrängt, sondern sie ehrlich analysiert, kann sie in Ressourcen umwandeln. Dominique und Patrick unterscheiden sich in ihrer Methode, nicht jedoch im Prinzip: Patrick reflektiert durch Gespräche, Beobachtung und schriftliche Planung. Dominique hingegen geht analytisch vor und fragt sich:

- Was hat zu diesem Fehler geführt?
- Welche Information hat gefehlt?
- Welche Annahme war falsch?

Diese systematische Auseinandersetzung mit Rückschlägen verhindert, dass dieselben Fehler zweimal begangen werden, und macht jede Niederlage zu einer Art Lehrmeister. Wichtig ist auch, zu verstehen, dass nicht jeder Fehler vermeidbar ist:

> **Fehler müssen so sein, dass sie durch Geld oder Anwalt behebbar sind.**

Der Anspruch, alles perfekt machen zu müssen, ist eine Illusion. Wer unternehmerisch denkt, muss bereit sein, ins Ungewisse zu springen, auch auf die Gefahr hin, falschzuliegen. Risiko ist der Preis für Fortschritt. Genau das ist auch der Grund, warum viele Menschen in ihrer Komfortzone bleiben: Sie stellen Sicherheit über Wachstum. Doch Sicherheit bedeutet oft Stillstand und damit langfristig gesehen sogar Rückschritt.

Wenn wir über Scheitern sprechen, sprechen wir also auch über Mut. Den Mut, sich selbst etwas zuzutrauen. Den Mut, unpopuläre Entscheidungen zu treffen. Den Mut, Fehler öffentlich zu machen und aus ihnen zu lernen. Dominique und Patrick stehen für genau diese Haltung. Sie erzählen nicht nur von Erfolgen, sondern auch von Fehlentscheidungen und machen damit deutlich, dass Erfolg stets auf einer langen Kette von Misserfolgen basiert.

Diese Sichtweise ist insbesondere für junge Menschen wichtig. In einer Zeit, in der Social Media ein verzerrtes Bild von Erfolg vermittelt – reich, unabhängig und ständig glücklich –, braucht es Stimmen, die den Prozess dahinter zeigen, die ehrlich ihre Geschichten erzählen. Denn gerade junge Gründer lassen sich oft von der Idee blenden, dass man „über Nacht" reich werden kann. Die Realität sieht jedoch anders aus: Sie besteht aus 16-Stunden-Tagen, Rückschlägen und Zweifeln. Genau daraus entsteht das Fundament für echten Erfolg.

Es lohnt sich auch, einen Blick auf die psychologische Seite zu werfen. Menschen, die lernen, mit Fehlern umzugehen, entwickeln Resilienz, also die Fähigkeit, auch in Krisenzeiten stabil zu bleiben. Resilienz entsteht nicht durch Erfolg, sondern durch das bewusste Durchleben und Verarbeiten von Niederlagen. Wer schon einmal auf dem Boden lag und wieder aufgestanden ist, wird beim nächsten Mal schneller wieder auf die Beine kommen.

Das ist der große Unterschied zwischen Scheitern und Aufgeben: Scheitern ist ein Ereignis, Aufgeben eine Entscheidung. Und genau hier zeigen Patrick und Dominique ihre Stärke: Beide sind gescheitert, mehrfach. Aber keiner von beiden hat aufgegeben. Sie haben sich durchgebissen, gelernt und sich angepasst. Ihre Geschichten zeigen: Es ist nicht der perfekte Plan, der zum Erfolg führt. Es ist die Bereitschaft, trotz Unvollkommenheit loszugehen. Nicht alles wird funktionieren, aber aus allem lässt sich etwas machen.

Netzwerke als Erfolgsfaktor: Zusammenarbeit, Vertrauen und Wachstum

Erfolg entsteht nicht im luftleeren Raum. Persönliche Disziplin, Talent oder Willenskraft sind zwar entscheidend, aber der Mensch ist ein soziales Wesen. Kein erfolgreicher Weg verläuft isoliert und niemand kommt allein an die Spitze. Patrick sieht heute ein, dass Netzwerke, Partnerschaften und gezielte Zusammenarbeit für seine Entwicklung wichtig waren.

Lange Zeit war Patrick überzeugt, dass er alles allein schaffen müsse. Diese Haltung stammt aus Momenten, in denen er sich oft auf niemanden verlassen konnte, außer auf sich selbst. Doch mit der Zeit erkannte er, dass der bewusste Aufbau und die Pflege eines stabilen Netzwerks nicht nur hilfreich, sondern essenziell sind. Gerade in schwierigen Phasen waren es bestimmte Menschen, die ihn unterstützt, motiviert oder ihm zur richtigen Zeit die richtigen Türen geöffnet haben.

Diese Erkenntnis veränderte sein Denken grundlegend. Sein Fokus lag nicht mehr nur auf seinem eigenen Vorankommen, sondern auch auf dem Aufbau eines Netzwerks aus Menschen, die ähnliche Werte teilten. Menschen, die nicht nur nehmen, sondern auch bereit sind zu geben. Menschen, auf die man sich verlassen kann.

Patrick erkannte, dass ein starkes Netzwerk nicht nur aus Kontakten oder Visitenkarten besteht, sondern von gegenseitigem Respekt, Vertrauen und echtem Interesse am Erfolg des anderen abhängt. Er duldet keine Menschen mehr in seiner Umgebung, die diese Werte nicht verkörpern. Menschen, die Energie rauben, sich illoyal verhalten oder das eigene Wachstum blockieren, haben bei Patrick keine Chance.

Der Aufbau eines förderlichen Netzwerks beginnt mit dem Mut, toxische Verbindungen zu lösen. Nur so kann man sich auf das fokussieren, was wirklich zählt: ehrliche Zusammenarbeit auf Augenhöhe.

Netzwerken bedeutet, Kontakte zu knüpfen und Beziehungen zu pflegen. Es ist ein aktiver, bewusster Prozess des Aufbaus, der Pflege und des gegenseitigen Unterstützens von Beziehungen. Netzwerken bedeutet, in Beziehungen zu investieren, und zwar mit dem Ziel des gegenseitigen Wachstums. Es geht darum, aufmerksam zuzuhören, sich für andere zu interessieren, Hilfe anzubieten, wenn sie gebraucht wird, auch ohne direkten Vorteil.

Netzwerke sind wie ein Garten: Wer nur pflückt, wird irgendwann nichts mehr ernten. Wer aber kontinuierlich gießt, pflegt und auch mal Rückschläge einkalkuliert, wird langfristig mit einem starken Netzwerk belohnt, das auch in stürmischen Zeiten Halt gibt.

In der Geschäftswelt sind es oft die persönlichen Verbindungen, die über Erfolg oder Stillstand entscheiden. Ein Empfehlungsschreiben, ein guter Tipp zur richtigen Zeit, ein warmes Intro bei einem wichtigen Gesprächspartner – all das ist kein Zufall, sondern das Ergebnis von gepflegten Beziehungen. Und im Alltag? Auch hier ist ein gutes Netzwerk Gold wert. Es bringt dir neue Impulse, ehrliches Feedback und einen vertrauensvollen Austausch auf Augenhöhe.

Dominique hat über die Jahre ebenfalls erlebt, wie bedeutsam tragfähige Netzwerke sind, besonders in politischen und unternehmerischen Kontexten. Erneut das prägnante Beispiel aus seiner Zeit in der Kommunalpolitik: Die beiden Kollegen, die ihn trotz intensiver Zusammenarbeit plötzlich im Stich ließen. Dominique stand stets hinter den beiden. Ihr illoyales Verhalten war für ihn eine schmerzhafte, aber auch lehrreiche Erfahrung. Sie verdeutlichte, dass selbst langjährige Zusammenarbeit keine Garantie für Loyalität ist und Netzwerke gepflegt, aber auch immer wieder reflektiert werden müssen.

Diese Erfahrungen haben Dominique für die wahren Qualitäten von Beziehungen sensibilisiert, nicht nur auf politischer Ebene. Er erkannte, dass Zusammenarbeit nicht auf Funktion, sondern auf Charakter basiert. Wahres Netzwerken besteht nicht darin, möglichst viele Kontakte zu sammeln, sondern die richtigen zu halten.

Gute Netzwerke bauen auf Freiwilligkeit auf, nicht auf Pflicht. Sie entstehen, wenn Menschen sich gegenseitig inspirieren und bereit sind, voneinander zu lernen. Gerade das Lernen voneinander ist ein zentraler Aspekt: In einem starken Netzwerk findet nicht nur Austausch statt, sondern Wachstum. Man bekommt Feedback, neue Perspektiven und Einsichten, die man allein nie gewonnen hätte. Es ist ein System kollektiver Intelligenz, in dem jeder vom Wissen und den Erfahrungen der anderen profitieren kann.

Wie baut man ein solches Netzwerk auf? Zunächst durch Präsenz, physisch wie mental. Wer sichtbar ist, wird wahrgenommen. Veranstaltungen, Fachkonferenzen, Branchentreffen oder auch soziale Medien sind Gelegenheiten, um mit Gleichgesinnten in Kontakt zu kommen. Doch das allein reicht nicht. Entscheidend ist die Qualität der Begegnung. Wer zuhört, echtes Interesse zeigt und den Dialog sucht, hinterlässt Spuren. Und wer sich langfristig einbringen will, sollte auch den Mut haben, selbst Themen zu setzen und sich aktiv zu beteiligen.

Ein starkes Netzwerk entsteht nicht über Nacht. Es braucht Zeit, Geduld und Pflege. Kontakte müssen aufrechterhalten, Beziehungen gepflegt und gemeinsame Erlebnisse geschaffen werden. Ob beim Kaffee zwischendurch, beim beruflichen Austausch oder bei privaten Treffen – es sind die kleinen Gesten, die Verbindung schaffen. Wertschätzung, Zuverlässigkeit und Ehrlichkeit sind die Währungen, mit denen man in einem Netzwerk „bezahlt“.

In vielen Ländern, die Dominique später bereiste oder in denen er geschäftlich tätig war – insbesondere im Nahen Osten –, begegnete er einer ganz anderen Kultur der Zusammenarbeit. Dort zählen Handschlag und Haltung oftmals mehr als offizielle Verträge. Loyalität ist dort kein leeres Wort, sondern eine gelebte Praxis. Der Umgang miteinander basiert auf Respekt, auf Ehre und der Bereitschaft, zu seinem Wort zu stehen. Für Dominique ist das ein wohltuender Kontrast zur oft oberflächlichen und opportunistischen Mentalität in Europa. Er hat im Nahen Osten erlebt, wie tief Werte wie Integrität und Verlässlichkeit, in der Kultur verankert sind. Dort zählt der Mensch selbst, nicht bloß seine Position oder sein Auftreten.

Auch Patrick hat gelernt, dass ein Netzwerk nur dann tragfähig ist, wenn es auf gegenseitigem Vertrauen basiert. Er bringt es auf den Punkt:

> **Vertrauen. Wird es einmal gebrochen, ist diese Person unwiderruflich raus.**

Diese Haltung mag hart wirken, ist für ihn jedoch Ausdruck eines konsequenten Werteverständnisses. Wer Teil seines Netzwerks ist, muss Loyalität leben – nicht nur dann, wenn es leichtfällt, sondern gerade in schwierigen Momenten. Denn echte Zusammenarbeit zeigt sich nicht im Erfolg, sondern im Umgang mit Herausforderungen.

Zusammenarbeit im beruflichen Kontext heißt auch, Unterschiede zu akzeptieren und Stärken zu kombinieren. Patrick und Dominique haben erkannt, dass sie sich ergänzen. Der eine ist analytischer, der andere intuitiver. Der eine plant langfristig, der andere handelt schnell. Diese Vielfalt ist kein Hindernis, sondern ein Vorteil. Durch ihre Zusammenarbeit entstehen bessere Ergebnisse als allein, weil sie sich gegenseitig spiegeln, korrigieren und inspirieren.

Zusammenarbeit bedeutet auch, Verantwortung zu teilen. In einem funktionierenden Netzwerk gibt es keine Alleingänge, sondern klare Rollen und Verlässlichkeit. Wer sich auf andere verlassen kann, hat mehr Spielraum für kreative Ideen, neue Projekte oder persönliche Weiterentwicklung. Netzwerke ermöglichen es, Risiken zu verteilen und schneller zu lernen. Denn aus jedem Austausch entsteht ein Erkenntnisgewinn, sei es über Branchen, Arbeitsweisen oder Denkstile.

Ein gutes Netzwerk ist ein Schutzraum. Es fängt auf, wenn etwas schiefläuft. Es motiviert, wenn Zweifel aufkommen. Es gibt Rückhalt, wenn man Entscheidungen trifft. Patrick hat die Erfahrung gemacht, dass manche Gespräche in seinem Netzwerk ihn vor Fehlentscheidungen bewahrt haben, nicht durch Besserwisserei, sondern durch ehrliches, reflektiertes Feedback.

Und noch etwas: Netzwerke wirken über die Zeit. Manche Kontakte, die heute unbedeutend scheinen, entwickeln später eine neue Relevanz. Deshalb lohnt es sich, Beziehungen nicht kurzfristig zu betrachten, sondern mit Weitblick. Wer heute investiert, wird morgen profitieren – manchmal auf völlig unerwartete Weise.

Für Patrick und Dominique ist klar: Ein starkes Netzwerk ist kein Nice-to-have, sondern ein Erfolgsfaktor. Es ist das Fundament, auf dem sie ihre Projekte aufbauen, ihre Ideen umsetzen und ihre Prinzipien leben. Und es ist ein Raum, in dem sie als Menschen wachsen: durch Austausch, Vertrauen und die Bereitschaft, gemeinsam mehr zu erreichen als allein.

6

ANKOMMEN, OHNE SICH ZU VERLIEREN

Leben und arbeiten im Ausland

Es gibt Momente im Leben, in denen man spürt, dass ein Ortswechsel mehr ist als nur eine neue Adresse. Es geht nicht um eine andere Postleitzahl oder ein verändertes Klima. Es geht um eine bewusste Entscheidung, sich neu zu erfinden, den Horizont zu erweitern und die eigenen Fähigkeiten in einem neuen Kontext unter Beweis zu stellen. Für Dominique bedeutete der Schritt ins Ausland genau das: ein kompletter Neustart unter neuen Vorzeichen. Nicht aus Unzufriedenheit mit dem Alten, sondern aus einem tiefen Wunsch heraus, sich weiterzuentwickeln, zu wachsen und das Umfeld zu finden, das besser zu seinem inneren Tempo, seinen Werten und seinen Ambitionen passt.

In einer Welt, die immer enger zusammenrückt und in der internationale Zusammenarbeit zur Selbstverständlichkeit geworden ist, ist der Gedanke des globalen Arbeitens von entscheidender Bedeutung. Für viele ist das Reisen eine willkommene Abwechslung und ein aufregendes Abenteuer. Für andere, wie Dominique, ist es schlichtweg der Alltag, der mit einer durchdachten Strategie gelebt wird. Internationale Arbeit ist kein romantischer Dauerurlaub, sondern ein komplexes Zusammenspiel aus Anpassung, Struktur, Selbstdisziplin und kulturellem Feingefühl. Wer in verschiedenen Ländern erfolgreich agieren will, muss bereit sein, sich auf neue Spielregeln einzulassen. Und er muss die Fähigkeit entwickeln, dabei die eigene innere Ordnung zu wahren.

In einem globalen Leben verändern sich zwei Dinge ständig: der äußere Rahmen und der innere Takt. Neue Märkte, wechselnde Zeitzonen, andere Kommunikationsgewohnheiten und eine Vielfalt an Kulturen bringen Chancen und Herausforderungen mit sich. Genau darin liegt der Reiz. Wer es schafft, in diesem Spannungsfeld zwischen Tempo und Reflexion seinen Platz zu finden, erlebt nicht nur beruflich neue Höhen, sondern wächst auch persönlich über sich hinaus. Man lernt, wann es

Zeit ist, nach vorne zu preschen, und wann es klüger ist, sich zurückzulehnen, zu beobachten und zu verstehen, wie Dinge anderswo funktionieren.

Dominique ist diesen Weg nicht zufällig gegangen. Sein Umzug nach Dubai war kein Ausweichen, sondern ein aktives Aufsuchen. Er wollte dorthin, wo seine Talente gefragt sind. Unternehmertum wird dort nicht belächelt, sondern begrüßt, und das ist auch gut so. Es ist entscheidend, zu zeigen, was man aufgebaut hat, anstatt zu erklären, warum man etwas tut. Diese Haltung hat sein Denken verändert. Der Wechsel war nicht nur eine berufliche Veränderung, sondern ein Schritt in ein Umfeld, in dem Leistung sichtbar wird, Initiativen gefördert und Ergebnisse anerkannt werden.

Die kulturelle Anpassung beginnt oft mit den kleinen Dingen: der Art, wie man kommuniziert, wie man begrüßt, wie man zuhört. Doch sie endet nicht dort. Wer dauerhaft international arbeitet, merkt schnell, dass kulturelle Unterschiede nicht nur äußere Eigenheiten sind, sondern tiefgreifende Wirkmechanismen, die den beruflichen Erfolg beeinflussen. Wer diese erkennt und respektiert, öffnet Türen. Wer sie ignoriert, steht schnell vor verschlossenen.

Es gibt dabei keine pauschale Erfolgsformel. Doch es gibt Muster: Menschen, die im Ausland erfolgreich agieren, bringen ein hohes Maß an Anpassungsfähigkeit mit, ohne sich selbst dabei zu verlieren. Sie kultivieren eine gewisse Demut, ohne unterwürfig zu sein. Sie bleiben neugierig, offen und zugleich klar in ihren eigenen Werten. Sie entwickeln Routinen, die auch in wechselnden Umgebungen funktionieren, und bauen sich ein mentales Zuhause – eine innere Struktur, die Halt gibt, wenn alles um sie herum in Bewegung ist.

Es zeigt sich eindrucksvoll, wie aus einer zunächst zögerlichen Haltung eine entschlossene Entscheidung werden kann. Dubai war für Dominique keineswegs Liebe auf den ersten Blick. Doch die Chancen, die sich ihm dort eröffneten, überzeugten ihn. Was als vorsichtiger Versuch begann, entwickelte sich rasch zu einer neuen Lebensrealität – getragen von dem Gefühl, angekommen zu sein. Denn manchmal braucht es den Blick von außen, um sich selbst neu zu erkennen.

Gleichzeitig wird deutlich, dass Arbeiten über Länder- und Zeitzonengrenzen weit mehr verlangt als nur organisatorisches Geschick oder technische Erreichbarkeit. Es erfordert vor allem eine klare innere Führung. Wer in Dubai, New York oder Sydney lebt und dort arbeitet, hat seinen Rhythmus – doch wer an einem Ort wohnt und mit dem Ausland arbeitet, lebt oft in mehreren Zeitzonen zugleich.

Allein in der Golfregion gibt es nicht nur Zeitverschiebungen, sondern auch unterschiedliche Wochenendregelungen: In den Vereinigten Arabischen Emiraten gilt seit 2022 offiziell ein Samstag-Sonntag-Wochenende mit verkürztem Freitag für den öffentlichen Sektor, während in anderen GCC-Ländern wie Saudi-Arabien oder Oman nach wie vor der Freitag als voller Ruhetag gilt. In Sharjah wiederum hat die öffentliche Verwaltung sogar ein dreitägiges Wochenende von Freitag bis Sonntag. Das führt dazu, dass für irgendjemanden im Team fast immer ein Arbeitstag ist – und Mails, Meetings und Anfragen nie ganz aufhören.

Dazu kommen internationale Kunden in den USA, Europa oder Australien. Die Folge: selbst im Homeoffice fühlt es sich an, als hätte man permanent Jetlag. Zwischen *Zoom*-Calls zu ungewöhnlichen Tages- oder Nachtzeiten, Kundenbesuchen in weit entfernten Märkten und dem Versuch, einen halbwegs normalen Alltag aufrechtzuerhalten, wird Struktur zum Überlebensprinzip. Kleine Rituale wie der morgendliche Kaffee, der tägliche Spaziergang oder das bewusste Abschalten am Abend geben Halt in einem Umfeld ständiger Veränderung. Wer nicht lernt, mit Schlafdefizit, mentaler Erschöpfung und gleichzeitigem Leistungsdruck umzugehen, verliert schnell die Balance. Der entscheidende Unterschied zwischen denen, die daran wachsen, und denen, die daran zerbrechen, liegt nicht in der Zeitzone, sondern im Umgang mit sich selbst.

Patrick, der selbst regelmäßig reist und von dort arbeitet, hat eine andere, aber ebenso wirkungsvolle Herangehensweise gefunden. Seine Struktur ist klar, fast schon ritualisiert. Er weiß, wann er wie leistungsfähig ist, und organisiert seinen Tag entsprechend. Dabei geht es nicht um Kontrolle, sondern um bewusste Gestaltung. Auch er hat gelernt, dass Effizienz nicht darin besteht, ständig verfügbar zu sein, sondern darin, klare Prioritäten zu setzen.

Das Leben im Ausland ist nicht nur Arbeit unter Palmen. Es ist oft einsam, fordernd und voller Kompromisse. Freundschaften müssen neu geknüpft, berufliche Netzwerke aufgebaut und die eigene Identität in einem anderen Kontext verankert werden. Gerade deshalb sind klare Werte und ein stabiles Mindset so entscheidend. Wer weiß, wofür er steht, findet schneller Anschluss, weil er Orientierung bietet.

Doch es geht nicht nur darum, sich selbst zu behaupten. Es geht auch darum, zu lernen. Das Leben in einem anderen Land ist immer auch eine Schule der Wahrnehmung. Man entdeckt neue Formen des Denkens, neue Rhythmen, andere Vorstellungen von Zeit, Hierarchie, Beziehung und Erfolg. Wer mit offenen Augen durch diese Welt geht, wird nicht nur erfolgreicher, sondern auch weiser.

Dieses Kapitel ist deshalb mehr als nur ein Übergang zwischen zwei geografischen Punkten. Es ist ein Fenster in eine Denkweise, die sich dem Wandel nicht verweigert, sondern ihn willkommen heißt. Es ist eine Einladung, sich selbst neu zu denken, sich zu hinterfragen und zu erkennen, dass Wachstum nicht immer bequem, aber immer lohnend ist.

Das Leben im Ausland zwingt zur Klarheit: über das, was einem wirklich wichtig ist, über das, was trägt und über das, was man bereit ist, hinter sich zu lassen. Es konfrontiert einen mit neuen Herausforderungen, aber es schenkt auch ungeahnte Möglichkeiten. Und manchmal, inmitten all der Komplexität, erkennt man plötzlich, dass man angekommen ist - nicht nur geografisch, sondern auch bei sich selbst.

Willkommen in Kapitel 6 - einem Kapitel über Mut, Anpassung, kulturelle Neugier und das stille, kraftvolle Wachstum, das entsteht, wenn man sich wirklich einlässt.

Dubai als ungeplante Chance: Vertrauen, Tempo und Zugehörigkeit

Der Entschluss für Dominique, Deutschland zu verlassen und nach Dubai zu ziehen, kam, als er von seinem Arbeitgeber gefragt wurde, ob er nicht in Dubai arbeiten möchte. Es war eine bewusste Entscheidung, sich neuen Chancen zu öffnen, mehr Gestaltungsfreiheit zu ermöglichen und ein Umfeld zu schaffen, das Unternehmertum und harte Arbeit nicht nur toleriert, sondern aktiv fördert. Während andere den Begriff „Dubai" möglicherweise mit Urlaub oder Abenteuer assoziieren, sah Dominique darin einen Ort der Möglichkeiten.

Dubai ist ein facettenreiches Reiseziel, das weit über den bloßen Luxus und die imposanten Wolkenkratzer hinausgeht. Die Stadt hat sich in den letzten Jahrzehnten von einem kleinen Fischerort zu einer der einflussreichsten Metropolen der Welt entwickelt. Heute ist sie ein internationales Drehkreuz für Handel, Technologie, Tourismus und Finanzen – ein Schmelztiegel aus über 200 Nationalitäten, der moderne Infrastruktur mit einem unternehmerfreundlichen Klima verbindet. Dubai bietet eine Reihe von Vorteilen, die es zu einem attraktiven Standort für ambitionierte Menschen aus der ganzen Welt machen. Dazu zählen Steuerfreiheit, unkomplizierte Unternehmensgründung, digitale Verwaltung und visionäre Großprojekte. An dieser Stelle erblickte Dominique das neue Spielfeld.

Doch neben all der Geschäftigkeit, Struktur und dem unternehmerischen Reiz ist Dubai auch ein Ort der Menschlichkeit. Dominique bringt es mit einem Satz auf den Punkt, der viel über den Geist der Stadt verrät:

> ” **Wir sind alle Gast hier – das Team ist eine erweiterte Familie.**

In einer Stadt, in der die wenigsten Menschen Einheimische sind, entsteht eine besondere Art der Verbundenheit. Die Arbeitskollegen werden zu mehr als nur Geschäftspartnern, sie werden zu einem sozialen Anker. Gemeinsames Arbeiten bedeutet oft auch gemeinsames Leben: Vertrauen ersetzt formale Distanz, kulturelle Unterschiede treten in den Hintergrund und gegenseitige Unterstützung im Alltag wird zum wichtigsten Wert. Inmitten von Nationalitäten, Religionen und Sprachen entsteht so ein Miteinander, das weit über das Berufliche hinausgeht.

Ein Aspekt, der oft übersehen wird: Ein solcher Schritt bedeutet weit mehr als nur eine geografische Veränderung – er verlangt auch eine mentale Neuausrichtung. Dominique musste sich nicht nur in einem neuen Land zurechtfinden, sondern sich auch innerlich neu justieren. Die Spielregeln hatten sich geändert. Die gewohnte Komfortzone war passé und genau das war der Reiz. In dieser neuen Umgebung zählten keine Ausreden mehr, keine Umwege, kein Aufschieben. Wer scheitert, kann das nicht länger auf äußere Umstände schieben. Man muss handeln und Verantwortung übernehmen. Für Dominique war das nicht belastend, sondern befreiend. Denn hier wurde Eigenverantwortung nicht bloß als Schlagwort verstanden, sondern aktiv gelebt.

Zunächst fiel es Dominique nicht leicht, sich emotional von Deutschland zu lösen. Es waren keine beruflichen Gründe, die den Ausschlag gaben – vielmehr war es die enge persönliche Bindung zu seiner Familie, insbesondere zu seiner Mutter, die ihn innerlich zögern ließ. Ihre Beziehung war stets von besonderer Bedeutung für ihn. Als er ihr sagte, dass er für drei Jahre ins Ausland gehen wolle, reagierte sie mit einem liebevollen Lächeln – einem Ausdruck, der mehr sagte als Worte. Ihre Antwort:

Ich warte einfach ab, ob du wirklich zurückkommst.

Was damals wie ein scherzhafter Kommentar klang, wirkt heute wie ein Blick in die Zukunft. Denn aus dem geplanten Auslandsaufenthalt wurde weit mehr als nur ein vorübergehendes Abenteuer, es wurde der Beginn eines neuen Lebensabschnitts.

Dabei war der erste Eindruck von Dubai alles andere als vielversprechend. Dominique besuchte die Stadt ursprünglich zur *Expo*. Diese Reise löste in ihm nicht etwa Euphorie, sondern eine gewisse Skepsis aus. Seine Worte:

Hier könnte ich nicht dauerhaft leben.

Die Hitze, die kulturellen Unterschiede und die massive Infrastruktur wirkten zunächst ungewohnt auf ihn. Doch manchmal ist es genau das, was wir anfangs auf Abstand halten, das uns später anzieht. Nur drei Monate nach diesem Besuch erhielt er ein Jobangebot – und bereits einen Monat später war er unterwegs nach Dubai. Ein Sprung ins Ungewisse, getragen von Intuition und dem Gefühl, dass dort ein neuer Lebensabschnitt beginnen sollte.

Zu den größten Reizen Dubais zählte für Dominique die unternehmerische Dynamik. Während Deutschland oft durch bürokratische Strukturen, langwierige Genehmigungsprozesse und Sicherheitsdenken geprägt ist, bietet Dubai ein Umfeld, in dem Geschwindigkeit, Innovation und Ergebnisorientierung im Mittelpunkt stehen. An dieser Stelle besteht die Möglichkeit, ein Unternehmen innerhalb weniger Tage online, effizient und ohne eine Vielzahl an Papierformularen zu gründen.

In Dubai herrschen andere Arbeitsabläufe als gewohnt. Es handelt sich um eine andere Herangehensweise, die weder besser noch schlechter ist. Termine sind flexibler, die Tagesrhythmen verschieben sich durch das Klima und die Kommunikation folgt anderen Codes. Es wird schnell deutlich, dass nonverbale Signale wie Kopfnicken oder unangekündigtes Schweigen in einem Gespräch eine wichtige Rolle spielen können. Diese kulturelle Feinfühligkeit ist eine Kompetenz, die nicht durch Literatur erlernt werden kann. Sie wird durch Gespräche, Interaktionen und Fehler schrittweise entwickelt. Dominique sammelte diese Erfahrungen nicht nur, sondern verarbeitete sie auch und entwickelte sie weiter.

Er nutzte diese neue Freiheit konsequent. Innerhalb von zwei Jahren baute er gemeinsam mit seinem Manager innerhalb des Unternehmens dort eine Struktur auf und das Geschäft Quartal für Quartal aus. Was nach außen wie ein steiler Aufstieg wirkt, ist das Resultat von Ausdauer, Anpassungsfähigkeit und einem klaren Fokus. Er vernetzte sich mit lokalen Akteuren, lernte die kulturellen Eigenheiten des Marktes kennen, arbeitete sich in regulatorische Details ein und passte seine Prozesse dem neuen Umfeld an. Nicht selten waren es die kleinen, kulturell geprägten Unterschiede, wie die Formulierung einer E-Mail, die Art des Gesprächs oder der richtige Zeitpunkt für ein Schweigen, die über Erfolg oder Misserfolg entschieden.

Auch in Dubai kann es zu Unannehmlichkeiten kommen. Der administrative Rahmen in den UAE ist zwar digitaler und oft effizienter als in Europa, aber dennoch anspruchsvoll. Mittlerweile hat Dominique das Bewerbungsverfahren für das sogenannte Goldene Visum abgeschlossen. Es handelt sich dabei um eine langfristige Aufenthaltsgenehmigung, die hochqualifizierten Fachkräften, Investoren und Unternehmern ermöglicht, bis zu zehn Jahre im Land zu bleiben, mit der Option auf Verlängerung. Das Golden Visa ist ein wichtiger Bestandteil von Dubais langfristiger Strategie, talentierte Menschen aus der ganzen Welt anzuziehen und dauerhaft im Land zu halten. Die Inhaber dieses Status profitieren nicht nur von Aufenthaltssicherheit, sondern auch von Vorteilen wie vereinfachtem Zugang zu Bankdienstleistungen und vereinfachter Nachreise für Familienangehörige.

Das Verfahren ist anspruchsvoll. Für eine erfolgreiche Bewerbung sind aussagekräftige Nachweise über wirtschaftlichen Erfolg oder wissenschaftliche, unternehmerische Substanz und gesellschaftlichen Beitrag erforderlich. Für Dominique repräsentiert dieses Visum mehr als nur ein Dokument, es ist ein Symbol für Zugehörigkeit. Dies lässt darauf schließen, dass er nicht nur vorübergehend in Dubai lebt, sondern sich aktiv an der Entwicklung des Landes beteiligen möchte. Er strebt nicht nur eine passive Präsenz an, sondern verfolgt aktiv die Absicht, etwas aufzubauen.

In Dubai wird Erfolg offen kommuniziert. In Deutschland ist es häufig üblich, dass man sich nicht zu seinen eigenen Leistungen äußert. In diesem Land ist es dagegen selbstverständlich, die eigenen Erfolge zu präsentieren. Dies erfolgt jedoch nicht aus Arroganz, sondern weil man daran gemessen wird, was man aufgebaut hat. Für Dominique stellte dies eine neue Form der Motivation dar. Die eigene Leistung wurde deutlich wahrgenommen und entsprechend wertgeschätzt. Es war nicht mehr von Bedeutung, woher man kam, sondern wohin man wollte.

Dubai ist eine Stadt der Extreme. In einer Umgebung, die von Wüsten und Meeren, Hightech und Tradition sowie einer Temperatur von 50 Grad Celsius im Freien und klimatisierten Räumlichkeiten geprägt ist. Genau diese Gegensätze sind es, die der Stadt ihren einzigartigen Charakter verleihen. Für Dominique bedeutete dies, kontinuierlich neue Balance zu finden. Zwischen Arbeit und Ruhe besteht ein ausgewogenes Verhältnis. Die Verbindung von westlicher Dynamik und östlicher Ruhe charakterisiert diesen Ort. Es besteht eine Diskrepanz zwischen dem Wunsch, eine rasche Expansion zu erzielen, und dem Bedürfnis, dabei die Identität nicht zu verlieren. Die Lebensqualität in Dubai bietet neben unternehmerischen Herausforderungen auch kulturelle Reize.

Für Dominique ist Dubai heute mehr als nur ein Wohnort, es ist ein Symbol. Dieses Symbol steht für die Entscheidung, sich nicht beschränken zu lassen; für den Mut, Vergangenes zu vergessen und Neues zu wagen; für die Überzeugung, dass das persönliche Umfeld einen signifikanten Einfluss auf die individuelle Entwicklung hat. Es ist wichtig, sich bewusst zu machen, dass ein Ort die Möglichkeit bietet, persönliche Veränderungen zu erfahren, sofern wir dies zulassen.

Dubai hat ihn in seiner beruflichen Entwicklung unterstützt, indem es seine Talente gezielt aktiviert hat. In einem Umfeld, das auf Leistung, Schnelligkeit und Visionen setzt, hat Dominique neue Seiten an sich entdeckt. Aufgrund seiner pragmatischen Denkweise, seines hohen Arbeitstempos und seiner strategischen Herangehensweise passt er perfekt in diese Stadt, die sich selbst permanent neu erfindet. Im Gegensatz zu vielen anderen, die nur für einige Monate bleiben, lebt er den Alltag mit all seinen Aspekten: heiße Sommer, kulturelle Herausforderungen, bürokratische Eigenheiten, aber auch unglaubliche Möglichkeiten, unmittelbare Umsetzungen und eine hohe Lebensqualität für Menschen, die mitdenken und mitziehen.

Für Dominique stellte Dubai eine bedeutende Veränderung in seinem Leben dar. Es handelte sich um eine klare Botschaft: Ich gehe dorthin, wo ich einen positiven Einfluss ausüben kann. Unternehmerisches Denken wird nicht als störend, sondern als wertvoll betrachtet. In einer zunehmend komplexen und schnelllebigen Arbeitswelt sind Werte wie Loyalität, Handschlagqualität und Verbindlichkeit nach wie vor von großer Bedeutung, auch wenn sie oft im Schatten der modernen Arbeitsumgebungen verborgen liegen. Dominique wurde von der Kombination aus strategischem Weitblick und pragmatischer Bodenständigkeit, der Verbindung von internationaler Offenheit und lokalem Stolz, überzeugt. Heute verwendet er nicht mehr die Formulierung

> **für drei Jahre im Ausland.**

Heute ist er an dem Ort, an den er hingehört – in einer Stadt, die seine Geschwindigkeit teilt.

Sich in der eigenen Stadt wohlzufühlen, ist kein nebensächlicher Luxus, sondern ein zentraler Baustein für persönliches Wohlbefinden, Motivation und langfristigen Erfolg. Denn der Ort, an dem wir leben, wirkt sich weit über das Praktische hinaus auf unser Denken, Fühlen und Handeln aus. Wer sich mit seinem Umfeld identifizieren kann, wer sich zugehörig fühlt und seine Umgebung als inspirierend empfindet, erlebt nicht nur mehr Lebensqualität, sondern hat auch eine stärkere innere Basis, um seine Ziele zu verfolgen.

Ein Gefühl von Zugehörigkeit erzeugt psychologische Sicherheit. Wenn wir das Gefühl haben, am richtigen Ort zu sein, können wir loslassen, zur Ruhe kommen und uns entfalten. Das Gegenteil – ein dauerndes Empfinden von Fremdheit oder Unstimmigkeit mit der Umgebung – führt zu unterschwelligem Stress. Diese permanente innere Anspannung kostet Energie, die an anderer Stelle fehlt: bei der Arbeit, in der Kreativität, im sozialen Miteinander oder bei der eigenen Weiterentwicklung. Wer in einem stimmigen Umfeld lebt, hat mehr Energie für genau diese Dinge, da er nicht ständig gegen innere Widerstände arbeiten muss.

Zudem beeinflusst ein Lebensort wie eine Stadt unseren Lebensrhythmus. Orte haben eine bestimmte Energie: Manche sind laut, schnell und fordernd, andere ruhig, inspirierend und strukturiert. Diese Grundstimmung färbt unweigerlich auf den Alltag ab. Wenn das Tempo, die Mentalität und die Kultur einer Stadt mit den eigenen Werten und Bedürfnissen harmonieren, entsteht eine Art innerer Gleichklang. Man fühlt sich getragen statt getrieben. Dadurch werden Entscheidungen klarer getroffen, man kann sich leichter motivieren und erlebt die tägliche Arbeit nicht als Belastung, sondern als sinnvollen Ausdruck der eigenen Ziele.

Gleichzeitig spielt auch das soziale Umfeld eine entscheidende Rolle. In einer Stadt, in der man Anschluss findet, sich austauschen und ein Netzwerk aufbauen kann, entsteht emotionale Stabilität. Motivation entsteht nicht im luftleeren Raum, sondern wird genährt durch Rückhalt, Gespräche und kleine Impulse. Das Gefühl, „unter Gleichgesinnten" zu sein, gibt Kraft und schafft Vertrauen in die eigenen Schritte. Wer hingegen das Gefühl hat, sich ständig erklären oder anpassen zu müssen, verliert Energie und im schlimmsten Fall auch das Vertrauen in sich selbst.

Auch körperlich macht es einen Unterschied, wo man lebt. Studien zeigen, dass chronische Belastungen wie Lärm, Luftverschmutzung oder ein dauerhaft hohes Stressniveau nicht nur die Gesundheit, sondern auch die kognitive Leistungsfähigkeit beeinträchtigen. In einer Stadt wie Dubai, die von Tempo, Wachstum und klimatischen Extremen geprägt ist, bedeutet das nicht, dass perfekte Bedingungen herrschen – vielmehr kommt es darauf an, wie man für Ausgleich sorgt. Wer bewusst Erholungsräume schafft, Sport integriert, die klimatischen Gegebenheiten berücksichtigt und Strategien gegen Dauerstress entwickelt, schafft bessere Voraussetzungen, um langfristig gesund und leistungsfähig zu bleiben.

In Dubai zu leben bedeutet weit mehr, als die Bilder auf *Instagram* oder *TikTok* vermuten lassen. Die zeigen meist den Winter – milde Temperaturen, Outdoor-Cafés und endlose Strandtage. Für die Bewohner gehört jedoch auch der Sommer dazu: Staub und Sand in der Luft, Temperaturen jenseits der 45 Grad und eine Luftfeuchtigkeit, die sich wie eine nasse Decke über die Stadt legt. Dann verlagert sich das Leben nach drinnen. Auf Initiative von Kronprinz Sheikh Hamdan finden in dieser Zeit sogar Indoor-Marathons in den Malls statt. Im Winter dagegen verwandelt sich die Stadt in ein riesiges Freiluft-Fitnessstudio – einen ganzen Monat lang mit kostenlosen Sportangeboten. Viel Zeit verbringen die Menschen auch draußen in der Wüste, wo es keine Lichtverschmutzung gibt – ein Luxus, der weltweit selten geworden ist. Dubai ist kein Luftkurort, sondern ein Ort der Extreme. Wer hier lebt, lernt mit ihnen umzugehen – nicht, weil es bequem ist, sondern weil Widerstandskraft zur Grundausstattung gehört. Dubai belohnt, wer mit seinen Extremen umgehen kann – und vergisst schnell, wer es nicht kann.

Darüber hinaus hat die Stadt, in der man lebt, auch einen Einfluss auf das eigene Selbstbild. Wer das Gefühl hat, in einer Umgebung zu leben, die zu den eigenen Idealen passt, die inspiriert und Möglichkeiten bietet, beginnt, sich selbst anders zu sehen: als jemand, der Einfluss nehmen kann, der eingebunden und Teil eines größeren Zusammenhangs ist. Das stärkt die Zielstrebigkeit. Man möchte nicht nur für sich selbst vorankommen, sondern auch etwas beitragen, sei es durch Projekte, soziales Engagement oder unternehmerisches Handeln. Aus dieser Identifikation entsteht Sinn und Sinn ist eine der stärksten inneren Antriebskräfte überhaupt.

Letztlich ist der Ort, an dem wir leben, nicht nur Kulisse, sondern aktiver Mitgestalter unseres Lebens. Wer sich mit seiner Stadt identifizieren kann, wer sich dort verstanden und getragen fühlt, hat nicht nur mehr Lebensfreude – er hat auch mehr Kraft, Verantwortung zu übernehmen, Entscheidungen zu treffen und seinen eigenen Weg mit Klarheit und Selbstvertrauen zu gehen. Deshalb ist die Wahl des eigenen Lebensumfelds keine rein praktische Entscheidung. Sie ist strategisch. Sie ist persönlich. Und sie ist ein wesentlicher Hebel für ein erfülltes, selbstbestimmtes Leben.

Stabil im Wandel: Routinen als Anker im globalen Alltag

Leben und Arbeiten in einem globalen Umfeld erfordert ein hohes Maß an Flexibilität, insbesondere wenn man mit internationalen Zeitzonen arbeiten muss. Dominiques Arbeitstag ist durch diesen Faktor geprägt. Während er morgens mit Geschäftspartnern in Australien arbeitet, hat er tagsüber Zeit für andere Projekte oder persönliche Angelegenheiten, bevor er abends mit den Amerikanern seine letzten Meetings des Tages absolviert. Diese Struktur ermöglicht es ihm, in mehreren Märkten gleichzeitig aktiv zu sein, erfordert aber auch ein hohes Maß an Organisation und Anpassungsfähigkeit.

Diese internationalen Rhythmen bringen nicht nur organisatorische Herausforderungen mit sich, sondern stellen auch ganz persönliche Anforderungen – an Energie, Fokus und Lebensrhythmus. Wie lassen sich solche globalen Strukturen mit innerer Ordnung vereinbaren?

Die Work-Life-Balance bei internationalen Arbeitszeiten stellt eine besondere Herausforderung dar. Arbeitstage, die sich über mehrere Zeitzonen verteilen, können leicht zu einer Vermischung von Beruf und Freizeit führen. Gerade in solchen Konstellationen ist es entscheidend, bewusste Pausen einzuplanen, Erholungsinseln zu schaffen und Zeitfenster zu schützen, die nicht verhandelbar sind, sei es für Sport, Familie oder einfach nur Ruhe. Dominique hat eine effektive Methode entwickelt, um dieser Herausforderung zu begegnen: Er definiert klare „Off-Zeiten" und hält diese ebenso konsequent ein wie geschäftliche Termine. So gelingt es ihm, trotz internationaler Verantwortung eine hohe Lebensqualität zu bewahren.

In der Regel wird die psychologische Wirkung kleiner Rituale im Alltag unterschätzt. Gewohnheiten wie der morgendliche

Kaffee oder der feste Sitzplatz im Flugzeug verankern sich tief im mentalen System. Sie vermitteln besonders in Zeiten ständiger Veränderung ein Gefühl von Sicherheit und Kontrolle. Für Menschen mit einem dynamischen Lebensstil werden solche Rituale zu emotionalen Orientierungspunkten, die auch unter hohem Arbeitsdruck für Stabilität sorgen und das Gefühl von Identität stärken.

Auch die Unterschiede in der Arbeitskultur zwischen Ländern spielen im internationalen Umfeld eine zentrale Rolle. In Deutschland sind Pünktlichkeit und Detailgenauigkeit von großer Bedeutung, während in arabischen Ländern persönliche Beziehungen und Vertrauen oft wichtiger sind als feste Abläufe oder die exakte Uhrzeit. In den USA wiederum stehen Präsentation und Selbstdarstellung besonders im Fokus. Dominique hat diese kulturellen Eigenheiten nicht nur erkannt, sondern aktiv in seine Arbeitsweise integriert. Seine Fähigkeit, sich auf unterschiedliche kulturelle Codes einzulassen, ohne dabei die eigenen Prinzipien aus den Augen zu verlieren, ist einer der Gründe für seinen nachhaltigen Erfolg.

Ein weiterer Punkt, den sowohl Dominique als auch Patrick für sich entdeckt haben, ist, dass Flexibilität nicht mit Chaos gleichzusetzen ist. Es geht nicht darum, wahllos oder planlos zu handeln, sondern vielmehr um eine bewusste Offenheit, die Raum für Anpassung lässt, ohne die Orientierung zu verlieren. Dominique lebt diesen Gedanken: offen für neue Impulse, aber innerlich strukturiert und zielgerichtet. Diese Kombination aus Beweglichkeit und Klarheit bildet die Grundlage für nachhaltiges Handeln – in jeder Zeitzone.

Trotz der ständigen Veränderungen in seinem Tagesablauf hält Dominique an bestimmten Prinzipien fest. Während er keine festen Routinen hat, gibt es kleine Konstanten, die seinen Alltag strukturieren. Beispielsweise beginnt und beendet er seinen Tag stets mit einer Tasse Kaffee – eine Gewohnheit, die ihm als kleine Konstante in einem sonst flexiblen Leben dient. Auch seine Essensgewohnheiten sind geprägt von einer gewissen Beständigkeit. Experimentierfreudigkeit in kulinarischer Hinsicht liegt ihm nicht besonders, stattdessen bevorzugt er vertraute Restaurants und feste Abläufe bei den Mahlzeiten. Er setzt bewusst auf Restaurants, die von Einheimischen besucht werden, weil sie in der Regel auf Stammkunden ausgelegt sind und nicht nur auf Touristen, die einmal kommen und dann nie wieder.

Sein pragmatischer Ansatz zeigt sich auch in seiner Arbeitsweise. Während viele Menschen auf digitale To-do-Listen oder detaillierte Planungen setzen, verlässt sich Dominique auf kleine handschriftliche Notizen. Er hat alles im Kopf und ergänzt seine Gedankengänge lediglich durch kleine Zettelchen mit wichtigen Stichpunkten. Diese Methode mag unorthodox erscheinen, funktioniert für ihn jedoch hervorragend, da sie ihm erlaubt, flexibel zu bleiben und sich nicht von starren Strukturen einengen zu lassen.

Auch auf Reisen hat er seine eigenen Routinen entwickelt. Als Vielreisender hat er klare Vorlieben, was seine Sitzplatzwahl im Flugzeug betrifft – immer in der letzten Reihe, auf der Kapitänsseite, mit einem Gangplatz. Diese kleinen Rituale geben ihm Orientierung in einem Leben, das sich oft von Land zu Land und von Stadt zu Stadt verlagert. Besonders wenn er an einem neuen Ort ist, hilft es ihm, abends vor dem Einschlafen eine Notiz auf den Nachttisch zu legen, auf der das aktuelle Land, der Bundesstaat und die Stadt vermerkt sind – eine kleine, aber effektive Methode, um sich in einer ständig wechselnden Umgebung zu orientieren.

Patrick hat im Laufe seiner Entwicklung erkannt, wie wichtig Routinen für ihn sind. Er ist ein großer Befürworter von Routinen und sieht sie als wichtigen Bestandteil seines Erfolgs. Er betont, wie essenziell es ist, die eigenen Routinen zu finden, die perfekt zu einem passen. Routinen sollten nicht aufgezwungen, sondern individuell gestaltet sein – angepasst an den eigenen Alltag, das Energielevel und die persönlichen Ziele.

Auch wenn Patrick viel reist, bleibt er in seinen Routinen konsequent. Selbst im Ausland hält er an festen Arbeitszeiten und gewohnten Abläufen fest. Routinen sind für ihn wie ein sicherer Hafen, der ihn produktiv und entspannt bleiben lässt, egal wo er gerade ist. Sie helfen ihm, fokussiert zu bleiben und auch in ungewohnten Umgebungen einen klaren Kopf zu behalten.

Auf die Frage, ob es Routinen gibt, die ihm unterwegs helfen, fokussiert zu bleiben, antwortet er offen: Es sei genau diese Struktur, die ihm in stressigen Phasen besonders fehle. Routinen geben ihm Halt, doch in einem Jahr voller Veränderungen musste auch er lernen, mit Unterbrechungen umzugehen und sich neu zu sortieren.

Gerade im internationalen Kontext werden Routinen oft auf die Probe gestellt, durch Zeitverschiebungen, kulturelle Unterschiede oder unerwartete Ereignisse. Der menschliche Biorhythmus ist dabei nicht außer Acht zu lassen. Menschen sind nicht von Natur aus dafür gemacht, zu allen Tageszeiten gleichermaßen leistungsfähig zu sein. Wer regelmäßig nachts arbeiten oder morgens besonders früh beginnen muss, weil ein anderer Kontinent das vorgibt, wird früher oder später spüren, dass der Körper sich wehrt. Schlafmangel, Konzentrationsprobleme und emotionale Erschöpfung sind keine Seltenheit. Umso wichtiger ist es, Routinen zu finden, die den eigenen Rhythmus respektieren oder ihn zumindest intelligent kompensieren.

Viele stellen sich das Arbeiten im Ausland als Inbegriff von Freiheit vor: Laptop am Strand, flexible Zeiten, internationale Kontakte. Doch die Realität sieht oft anders aus. Wer dauerhaft erfolgreich im Ausland arbeiten will, braucht mehr als nur ein schönes Setting – er braucht Struktur, Selbstdisziplin und ein hohes Maß an Selbstkenntnis. Es geht nicht nur darum, wo man arbeitet, sondern wie man arbeitet. Für manche bedeutet ein globales Setting tatsächlich mehr Freiraum, für andere hingegen ist es eine zusätzliche Belastung. Die ständige Erreichbarkeit, Sprachbarrieren, kulturelle Missverständnisse und die Distanz zu Familie und Freunden können auch stressverstärkend wirken.

Ein Leben im Ausland ist ein Abenteuer, das uns herausfordert und uns neue Chancen eröffnet. Der Schlüssel zum Erfolg ist die Fähigkeit, sich mühelos an neue Gegebenheiten anzupassen, ohne dabei die eigenen Werte aus den Augen zu verlieren. Dominique hat es geschafft. Er hat sich ein Leben in Dubai aufgebaut, das ihm sowohl im Beruf als auch in seinem privaten Leben neue Möglichkeiten eröffnet. Seine Fähigkeit, flexibel zu bleiben, sich an verschiedene Märkte anzupassen und dennoch feste Ankerpunkte in seinem Alltag zu setzen, zeigt, dass Erfolg nicht von starren Routinen abhängt, sondern von der Kompetenz, sich bewusst zu organisieren und auf Veränderungen einzugehen. Und auch Patrick beweist, dass Klarheit, Struktur und eine bewusste Auseinandersetzung mit dem eigenen Lebensrhythmus der Schlüssel zum Erfolg sind – ganz gleich, ob man sich gerade am Schreibtisch oder am anderen Ende der Welt befindet.

Kurzum: Auf Reisen die eigenen Routinen beizubehalten, ist nicht nur eine Frage der Disziplin, sondern oft entscheidend für Stabilität, Fokus und langfristige Leistungsfähigkeit. Gerade in einem bewegten Leben – sei es durch berufliche Verpflichtungen, internationale Projekte oder bewusste Ortswechsel – können Routinen wie ein Anker wirken, der Struktur gibt und dabei hilft, die eigene Richtung nicht zu verlieren. Wer unterwegs ist, verliert oft äußere Konstanten: Der Arbeitsplatz wechselt, die Umgebung ist neu und Zeitpläne verschieben sich. Umso wichtiger ist dann eine innere Ordnung, auf die man sich verlassen kann.

Routinen schaffen nicht nur Verlässlichkeit, sondern senken auch den mentalen Energieaufwand. Denn je weniger Entscheidungen man täglich neu treffen muss – wann man aufsteht, wie man seinen Tag strukturiert, welche Abläufe fest verankert sind –, desto mehr Energie bleibt für kreative oder strategische Aufgaben. Gerade auf Reisen, wo vieles unvorhersehbar ist, wirkt eine gute Routine wie ein inneres Navigationssystem. Sie erlaubt es, trotz äußerem Wandel stabil zu bleiben – im Denken, im Arbeiten und im emotionalen Gleichgewicht.

Dabei ist die Zeitverschiebung ein nicht zu unterschätzender Faktor. Unser Körper folgt einem natürlichen Biorhythmus: Der sogenannte zirkadiane Rhythmus steuert unter anderem Schlaf, Konzentrationsfähigkeit, Hormonproduktion und Stoffwechsel. Wird dieser Rhythmus durch häufige Zeitzonenwechsel gestört, gerät der gesamte Organismus aus dem Gleichgewicht. Mögliche Folgen sind Schlafprobleme, Konzentrationsschwierigkeiten, Stimmungsschwankungen oder sogar eine höhere Anfälligkeit für Infekte. Diese Störungen wirken sich direkt auf Motivation, Entscheidungsfähigkeit und Leistungsvermögen aus und somit auch auf den persönlichen und beruflichen Erfolg.

Gerade Menschen, die in mehreren Zeitzonen arbeiten oder regelmäßig Langstreckenflüge unternehmen, kennen das Phänomen des sogenannten „Social Jetlag“: Der Körper befindet sich noch in einer anderen Zeitzone, während das Umfeld bereits volle Leistung verlangt. Wer das nicht gut kompensieren kann, riskiert langfristig, an Motivation zu verlieren oder in einen reinen Erschöpfungsmodus zu rutschen. Deshalb ist es wichtig, nicht nur die Reisen, sondern auch die eigene Energie zu managen. Ausreichend Schlaf, Bewegung, bewusste Ernährung und vor allem feste Routinen können hier wie ein

Gegengewicht wirken. Wer morgens eine feste Abfolge pflegt – etwa Meditation, Sport, Journaling oder eine kurze Planungszeit –, kann damit eine gewisse Normalität schaffen, selbst wenn alles um ihn herum neu ist.

Gleichzeitig gilt: Viel Reisen ist nicht für jeden Menschen gleichermaßen förderlich. Es gibt Persönlichkeiten, die im ständigen Wechsel aufblühen. Sie empfinden neue Orte als inspirierend, lieben die Abwechslung und tanken Energie aus Begegnungen mit verschiedenen Kulturen. Für sie ist Bewegung gleichbedeutend mit Weiterentwicklung. Andere hingegen benötigen mehr Konstanz, mehr Wiederholung und mehr Ruhephasen, nicht aus Bequemlichkeit, sondern weil sie tiefgründiger arbeiten, länger reflektieren und ein hohes Maß an Sicherheit für ihr bestes Denken brauchen.

In diesem Sinne ist Reisetätigkeit kein automatischer Vorteil, sie kann beflügeln, aber auch überfordern. Der Schlüssel liegt in der Selbsterkenntnis: Wer weiß, wie er funktioniert, was Energie gibt und was aus dem Takt bringt, kann bewusste Entscheidungen treffen. Manchmal ist weniger Bewegung mehr. Manchmal ist Umherreisen der Katalysator für kreative Sprünge. Doch in jedem Fall braucht es ein Bewusstsein dafür, wie Körper, Geist und Rhythmus auf Veränderung reagieren und welche Routinen helfen, sich immer wieder zu stabilisieren.

Man könnte sagen: Je beweglicher das Außen ist, desto stabiler muss das Innen sein. Gerade für international tätige Unternehmer oder Führungskräfte ist diese Fähigkeit entscheidend. Sie müssen nicht nur Projekte, sondern auch sich selbst managen – als System, das unter Druck funktionieren soll, aber nicht ausbrennen darf. Wer seine eigenen Rhythmen kennt und seine Routinen nicht dem Zufall überlässt, kann reisen, ohne sich zu verlieren. Und genau darin liegt die große Chance: Wer die Balance aus Flexibilität und Stabilität beherrscht, wird nicht vom Wandel überwältigt, sondern gestaltet ihn aktiv mit.

7

HALTUNG ENTSCHEIDET

Prinzipien als Fundament echter Stärke

Wer dieses Buch bis hierher gelesen hat, wird bemerkt haben: Die Entscheidungen, Wendepunkte und Anekdoten von Patrick und Dominique lassen sich auf persönliche Prinzipien zurückführen, die sich leise, aber kraftvoll durch alle Kapitel ziehen. Mal wurden sie direkt benannt, mal waren sie nur zwischen den Zeilen spürbar. Doch sie waren immer da. Ob es um Loyalität, den Umgang mit Rückschlägen oder bewusste Lebensentscheidungen ging – am Ende standen nicht nur rationale Überlegungen, sondern auch klare Haltungen.

Dieses Kapitel geht einen Schritt weiter. Es macht das sichtbar, was bislang vor allem mitgelebt wurde: die Prinzipien, nach denen Patrick und Dominique ihr Leben gestalten, beruflich wie privat. Es geht um innere Klarheit, die nicht auf Zuruf entsteht, sondern durch Erfahrung, Reflexion und den Mut, auch gegen den Strom zu schwimmen. Denn in einer Welt, in der Anpassung oft belohnt wird, ist es ein Akt der Stärke, sich selbst treu zu bleiben.

Gerade weil vieles in unserem Leben wandelbar ist – Orte, Jobs, Kontakte, sogar Ziele –, gewinnen Prinzipien an Bedeutung. Sie sind das, was bleibt. Das, was trägt. Und manchmal auch das, was uns rettet, wenn alles andere ins Wanken gerät. Dieses Kapitel ist eine Einladung, genauer hinzusehen:

- Welche Prinzipien tragen wirklich?
- Welche wurden nur übernommen und welche sind bewusst gewählt?
- Und wie wirkt sich das auf ein Leben aus, das nicht nur erfolgreich, sondern auch stimmig sein soll?

Denn Prinzipien sind mehr als nur Werte oder Meinungen. Sie sind das Fundament, auf dem wir unser Denken, Handeln und Entscheiden aufbauen. Im Grunde sind Prinzipien wie ein innerer Kompass. Sie helfen uns, den Kurs zu halten, selbst wenn das Leben stürmisch wird. Sie geben Orientierung in

Momenten der Unsicherheit, helfen uns bei schwierigen Entscheidungen und definieren, was für uns richtig oder falsch, wichtig oder nebensächlich ist. Ob wir es merken oder nicht: Jeder Mensch lebt nach bestimmten Prinzipien. Die entscheidende Frage ist nur, ob wir sie bewusst wählen oder ob wir uns unbewusst von äußeren Einflüssen treiben lassen.

Im beruflichen Alltag zeigen sich Prinzipien oft zwischen den Zeilen. Zum Beispiel, wenn jemand in einem schwierigen Gespräch ruhig und respektvoll bleibt, weil er Wert auf Fairness legt. Oder wenn jemand ein Projekt nicht mitträgt, das zwar Gewinn verspricht, aber moralisch fragwürdig ist, weil Integrität für diese Person kein leeres Wort, sondern gelebter Anspruch ist. Prinzipien machen Menschen berechenbar – im besten Sinne. Wer für Verlässlichkeit, Ehrlichkeit oder Verantwortung steht, wird genau daran gemessen. Und wer diese Haltung konsequent lebt, gewinnt nicht nur das Vertrauen anderer, sondern auch Klarheit für sich selbst.

Auch im privaten Umfeld sind Prinzipien essenziell. Sie bestimmen, wie wir mit Konflikten umgehen, wie wir unsere Beziehungen gestalten und was wir uns selbst erlauben oder verbieten. Wer beispielsweise das Prinzip der Eigenverantwortung ernst nimmt, wird sich nicht dauerhaft als Opfer der Umstände sehen, sondern die Frage stellen:

> **„Was kann ich tun, um meine Situation zu verbessern?**

Diese Haltung verändert nicht nur die eigene Perspektive, sondern auch die Wirkung nach außen. Prinzipientreue Menschen wirken stabil, weil sie aus einer inneren Überzeugung heraus handeln – nicht aus Laune, Angst oder Anpassung. Gerade in Krisenzeiten zeigen sich die wahren Werte eines Menschen. Wenn alles gut läuft, ist es leicht, Prinzipien hochzuhalten. Doch wenn etwas schiefläuft, wenn Druck entsteht oder Verluste drohen, dann trennt sich die Spreu vom Weizen. Dann zeigt sich, wer bereit ist, auch unbequeme Entscheidungen zu treffen, wenn sie dem eigenen Wertekompass entsprechen. Prinzipien geben Halt, nicht nur äußerlich, sondern vor allem innerlich. Sie schützen davor, sich selbst zu verlieren, sich zu verbiegen oder sich durch äußere Erwartungen von der eigenen Linie abbringen zu lassen.

Prinzipien sind kein starres Regelwerk. Sie entwickeln sich mit uns, sie wachsen mit den Erfahrungen, die wir machen, und den Fragen, die wir uns stellen. Manchmal muss man ein Prinzip loslassen oder weiterentwickeln, wenn man merkt, dass es nicht mehr passt. Aber das geschieht nicht willkürlich, sondern durch bewusste Reflexion. Wer regelmäßig innehält, über das eigene Verhalten nachdenkt und Bilanz zieht, entwickelt ein feines Gespür für das, was wirklich trägt und das, was nicht mehr zu einem passt.

Im beruflichen Kontext sind Prinzipien oft der entscheidende Unterschied zwischen kurzfristigem Erfolg und langfristiger Wirkung. Man kann vieles erreichen durch Taktik, Anpassung oder clevere Selbstdarstellung. Aber wer langfristig respektiert werden will, braucht Haltung. Prinzipien sorgen dafür, dass man nicht jeder kurzfristigen Verlockung nachgibt. Sie helfen, den Überblick zu behalten, auch wenn andere nur auf Effekte schielen. Und sie sind die Grundlage echter Führung – nicht durch Hierarchie, sondern durch Vorbild.

Auch privat wirken Prinzipien wie ein unsichtbares Gerüst. Sie formen unsere Beziehungen, unser Selbstbild und unseren Umgang mit Herausforderungen. Wer zum Beispiel Wert auf Ehrlichkeit legt, wird eher klare Gespräche führen, als still zu leiden. Wer Loyalität als Grundwert sieht, wird in schwierigen Zeiten zu anderen stehen, auch wenn es unbequem ist. Und wer sich selbst mit seinen Fehlern und Schwächen annehmen kann, wird nicht ständig nach äußerer Bestätigung suchen, sondern aus sich selbst heraus stabiler sein. Besonders in einer Zeit, in der soziale Medien, Trends und Meinungen in Sekundenschnelle auf uns einprasseln, sind Prinzipien wichtiger denn je. Sie bewahren uns davor, uns zu verlieren – im Vergleich mit anderen, in der Angst vor Ablehnung oder im Streben nach Perfektion. Prinzipien helfen, bei sich zu bleiben. Sie erinnern uns daran, wer wir wirklich sind, was uns ausmacht und was wir bereit sind, zu geben, aber auch zu lassen.

Dabei geht es nicht um moralische Überlegenheit. Niemand ist perfekt, und auch wer Prinzipien hat, wird manchmal gegen sie handeln. Der Unterschied liegt im Bewusstsein. Wer seine Prinzipien kennt, wird schneller merken, wenn er sich davon entfernt und eher den Weg zurück finden. Es geht nicht darum, Fehler zu vermeiden, sondern darum, aus ihnen zu lernen. Prinzipientreue heißt nicht, unfehlbar sein. Es bedeutet, ehrlich zu sich selbst und bereit zu sein, sich weiterzuentwickeln.

Am Ende geht es um Integrität, um die Übereinstimmung von Innen und Außen. Menschen, die nach ihren Prinzipien leben, wirken stimmig. Sie strahlen etwas aus, das tiefer geht als Worte: eine ruhige Klarheit, ein inneres Fundament. Diese Haltung ist es, die im Beruf Respekt und im Privaten Vertrauen schafft. Prinzipien sind kein Luxus, sie sind die Basis für Verlässlichkeit, für Resilienz, für ein Leben, das nicht nur funktioniert, sondern erfüllt.

Es gibt einige grundlegende Prinzipien, die in den Lebenswegen von Patrick und Dominique immer wieder eine zentrale Rolle spielen. Sie haben sich nicht bewusst hingesetzt und diese aufgeschrieben, aber sie haben sie gelebt. Und genau das macht sie so glaubwürdig und wirkungsvoll.

Ein zentrales Prinzip ist Authentizität. Ehrlich zu sich selbst zu sein – das klingt einfach, ist aber oft die größte Herausforderung. Authentizität bedeutet, nicht ständig Erwartungen anderer zu erfüllen, sondern die eigenen Werte zu leben. Es bedeutet, sich nicht zu verstellen, um dazuzugehören, sondern den Mut zu haben, auch mit Ecken und Kanten sichtbar zu sein. Menschen, die authentisch sind, strahlen nicht nur mehr Selbstbewusstsein aus, sondern wirken auch vertrauenswürdiger und überzeugender. Gerade in einer Zeit, in der viele auf Social Media ein künstlich perfektes Leben inszenieren, wird Echtheit zu einem seltenen, aber umso wertvolleren Gut.

Patrick hat früh erkannt, dass er nur dann langfristig Erfolg haben kann, wenn er sich treu bleibt. Anstatt sich anzupassen oder Rollen zu spielen, entschied er sich dafür, Klartext zu reden und offen mit seinen Fehlern umzugehen. Diese Ehrlichkeit hat ihn nicht nur glaubwürdig gemacht, sondern auch viele Menschen inspiriert, selbst mehr zu sich zu stehen.

Dominique hingegen zeigt, dass Authentizität nicht immer laut und sichtbar sein muss. Sie kann auch still, konsequent und reflektiert gelebt werden. Für ihn ist Klarheit in der Kommunikation ebenso wichtig wie innere Übereinstimmung. Wer authentisch lebt, kann in jeder Umgebung stabil bleiben, weil er nicht ständig überlegen muss, welche Maske er gerade trägt.

Ebenso bedeutend ist das Prinzip der Eigenverantwortung. Es gibt kaum einen Wert, der in den Lebensgeschichten der beiden so klar zum Tragen kommt. Wer sich ständig als Opfer äußerer Umstände sieht, gibt damit auch die Kontrolle über das eigene Leben ab. Eigenverantwortung bedeutet nicht, alles allein schaffen zu müssen, aber es bedeutet, die Verantwortung für das eigene Handeln zu übernehmen. Wer erkennt, dass er jederzeit neu entscheiden kann, bleibt handlungsfähig. Und genau das unterscheidet Menschen, die sich weiterentwickeln, von jenen, die stagnieren.

Diese Haltung zeigt sich vor allem dann, wenn es schwierig wird. Wenn Pläne scheitern, wenn Rückschläge kommen, wenn niemand applaudiert. Genau in diesen Momenten trennt sich oberflächliche Motivation von echter Eigenverantwortung. Wer sie verinnerlicht hat, sucht nicht nach Schuldigen, sondern nach Lösungen. Er übernimmt Verantwortung für seine Entscheidungen, lernt aus Fehlern und geht den nächsten Schritt. Das ist keine leichte, aber eine enorm kraftvolle Haltung.

Ein weiteres fundamentales Prinzip ist die Resilienz – die Fähigkeit, Krisen nicht nur zu überstehen, sondern gestärkt aus ihnen hervorzugehen. Resilienz ist kein angeborenes Talent, sondern das Ergebnis bewusster Entscheidungen und innerer Arbeit. Sie entsteht durch Erfahrung, durch Selbstreflexion und durch die Fähigkeit, sich nicht dauerhaft von negativen Ereignissen definieren zu lassen. Sowohl Patrick als auch Dominique haben erlebt, wie sich Scheitern anfühlt. Aber sie haben ebenso erfahren, dass Rückschläge wichtige Weichenstellungen sein können, wenn man bereit ist, hinzusehen und daraus zu lernen.

Dazu gehört auch der Mut zur Reflexion. Regelmäßige Selbstreflexion ist wie ein innerer Kompass, der hilft, sich nicht zu verirren. Wer sich die Zeit nimmt, ehrlich auf das eigene Verhalten, auf Erfolge und Fehler zu blicken, entwickelt nicht nur mehr Bewusstsein, sondern auch mehr Klarheit. Man erkennt Muster, durchschaut eigene Blockaden und kann bewusst neue Wege gehen. Reflexion ist keine Schwäche, sondern eine Form von Stärke. Sie hilft, aus Wiederholungen auszubrechen und gezielt zu wachsen.

Im Zusammenspiel mit Reflexion entfaltet sich die Kraft der Disziplin. Disziplin ist nicht das Gegenteil von Freiheit, sondern ihr Werkzeug. Wer diszipliniert handelt, folgt nicht jedem Impuls, sondern trifft bewusste Entscheidungen. Disziplin hilft, auch an Tagen dranzubleiben, an denen Motivation fehlt. Sie schafft Struktur, wo Chaos droht, und ermöglicht Fortschritt, wo andere aufgeben. Bei Patrick ist Disziplin einer der zentralen Erfolgsfaktoren. Seine Arbeitsweise, seine Entscheidungen, seine Entwicklung – all das fußt auf der Fähigkeit, sich selbst zu führen, auch wenn es unbequem wird.

Auch Ausdauer ist ein nicht zu unterschätzendes Prinzip. Sie zeigt sich im Dranbleiben, im Aushalten, im geduldigen Weitergehen. Viele geben auf, wenn der Erfolg nicht sofort eintritt. Doch nachhaltige Ergebnisse brauchen Zeit. Dominique hat diese Ausdauer bewiesen – im Studium, im Beruf, im Umgang mit Veränderungen. Wer bereit ist, Rückschläge nicht als Stoppzeichen zu deuten, sondern als Teil des Weges, bleibt langfristig auf Kurs.

Das soziale Umfeld ist ebenfalls ein kraftvoller Hebel auf dem Weg zu persönlichem Wachstum. Menschen, die uns umgeben, beeinflussen unser Denken, unsere Stimmung und unsere Entscheidungen. Wer ein unterstützendes Umfeld wählt, das inspiriert, fordert und fördert, schafft bessere Bedingungen für den eigenen Erfolg. Es ist eine Form von Selbstfürsorge, negative Einflüsse bewusst zu minimieren und sich stattdessen mit Menschen zu umgeben, die an einen glauben und einen auf dem Weg bestärken.

Ein weiteres wichtiges Prinzip ist die Unabhängigkeit von Meinungen anderer. In einer Welt, in der soziale Anerkennung oft wichtiger erscheint als innere Stimmigkeit, ist diese Fähigkeit entscheidend. Wer ständig versucht, es allen recht zu machen, verliert sich selbst. Wer dagegen klar bei sich bleibt, Prioritäten setzt und sich von äußeren Stimmen nicht verunsichern lässt, handelt aus innerer Überzeugung. Diese Haltung ist nicht egoistisch, sie ist gesund. Denn nur wer bei sich bleibt, kann authentisch leben und sinnvolle Entscheidungen treffen.

All diese Prinzipien greifen ineinander. Sie sind keine Checkliste, die man einmal abhakt, sondern ein fortlaufender Prozess. Sie stärken sich gegenseitig und bilden gemeinsam ein belastbares Fundament für ein erfülltes, selbstbestimmtes Leben. Die Geschichten von Patrick und Dominique zeigen, wie diese

Prinzipien im Alltag wirken, mal laut, mal leise, aber immer konsequent. Dieses Kapitel ist eine Einladung, die eigenen Prinzipien zu hinterfragen und neu auszurichten:

- Was treibt mich an?
- Was hält mich zurück?
- Welche Haltung hilft mir, mein Potenzial zu entfalten?

Erfolg beginnt im Inneren – mit Klarheit, mit Konsequenz und mit dem Mut, sich selbst treu zu bleiben. Willkommen in Kapitel 7.

Innere Freiheit statt äußere Anpassung: Die Kraft der Scheißegal-Stimmung

Ein entscheidender Erfolgsfaktor ist die Fähigkeit, sich von überflüssigen Meinungen und gesellschaftlichen Erwartungen zu lösen. Für Dominique und Patrick ist es essenziell, den Fokus auf das zu legen, was wirklich zählt, und sich nicht von der Meinung anderer beeinflussen zu lassen. Sie vertreten die Auffassung, dass es unmöglich ist, es jedem recht zu machen, und dass es auch gar nicht notwendig ist.

Dominique zeigt dies in seinem pragmatischen Umgang mit äußeren Bewertungen. Er misst Meinungen, die für seine Entscheidungen oder Werte keine Relevanz haben, bewusst wenig Bedeutung bei – sei es von Fremden, flüchtigen Bekannten oder aus den sozialen Medien. Er glaubt, dass sich viele Menschen zu sehr von den Erwartungen anderer leiten lassen, anstatt sich auf ihr eigenes Leben zu konzentrieren. Gleichzeitig gibt es für ihn klare Werte, die ihm wichtig sind – beispielsweise, dass sich seine Familie niemals für ihn schämen muss. Diese Balance zwischen Gelassenheit gegenüber irrelevanten Urteilen und Bewusstsein für die eigenen Maßstäbe ist eine seiner Leitlinien.

Es ist immer wieder erstaunlich, wie sehr einen unerwartete Kommentare treffen können. Diese oft beiläufigen Bemerkungen treffen einen auf einem ganz anderen Level – nicht wegen des Inhalts, sondern weil sie meist von jemandem kommen, von dem man es am wenigsten erwartet hätte. Für Dominique zeigt das, dass mangelnde Loyalität und Oberflächlichkeit in vielen Bereichen immer wieder vorkommen, eine Erfahrung, die seinen Blick auf Zusammenarbeit dauerhaft geprägt hat.

Dominique kennt dieses Verhalten auch noch aus seiner Schulzeit. Er erinnert sich gut daran, wie stark sich Gruppendruck und Statusdenken im Alltag der Jugendlichen auswirkten. Wer nicht die neuesten Trendklamotten trug, wurde schnell zum Außenseiter. Doch er erkannte schon damals, wie paradox dieses Verhalten ist:

> ” **Du wirst ausgegrenzt, wenn du nicht mitmachst – aber am Ende grenzen sie ausgerechnet die aus, die ihnen weiterhelfen könnten.**

Dieser Satz bringt ein zentrales Problem auf den Punkt: Viele Menschen orientieren sich oberflächlich an Konformität und der Zugehörigkeit zu einer Gruppe, ohne zu reflektieren, welchen Preis sie dafür zahlen. Indem sie vermeintliche Außenseiter meiden, verbauen sie sich oft den Zugang zu Menschen mit ungewöhnlichen Denkweisen, anderen Perspektiven oder innovativen Ideen – also genau den Persönlichkeiten, die langfristig echte Impulse geben könnten. Für Dominique war diese Beobachtung ein frühes Training in Unabhängigkeit. Er lernte, dass Ausgrenzung oft ein Zeichen dafür ist, dass man seinen eigenen Weg geht und dass sich echte Substanz und Qualität selten im Mainstream finden.

Patrick teilt diesen Gedanken und reflektiert über seinen eigenen Weg. Früher machte er oft seine schwierige Kindheit für seinen fehlenden Erfolg verantwortlich, bis er realisierte, dass jeder Mensch sein eigenes Päckchen zu tragen hat. Er erkannte, dass es letztlich egal ist, welche Startbedingungen jemand hatte, entscheidend ist, was man daraus macht. Diese Einsicht führte dazu, dass er sich nicht länger mit Entschuldigungen aufhielt, sondern Verantwortung für seine Zukunft übernahm.

Auch gesellschaftliche Erwartungen und Normen spielen für beide eine untergeordnete Rolle. Patrick macht sein eigenes Ding und lässt sich nicht davon beeinflussen, was die Nachbarn denken. Er hat verstanden, dass viele Menschen ihr Leben danach ausrichten, was andere von ihnen erwarten, anstatt sich selbst treu zu bleiben. Diese Unabhängigkeit von externer Anerkennung ermöglicht es ihm, seine eigenen Entscheidungen mit Klarheit und Selbstbewusstsein zu treffen.

Dominique bringt es auf den Punkt, wenn er das Konsumverhalten vieler Menschen kritisiert. Er beschreibt dies mit einem Zitat aus dem Film *Fight Club*:

> **Von dem Geld, das wir nicht haben, kaufen wir Dinge, die wir nicht brauchen, um Leuten zu imponieren, die wir nicht mögen.**

Dieser oberflächliche Materialismus ist für ihn ein Symptom einer Gesellschaft, die sich zu sehr auf äußere Statussymbole konzentriert, statt echten Wert in Erlebnissen und persönlichem Wachstum zu suchen. Wahre Erfüllung und Zufriedenheit findet er nicht in Markenprodukten oder Luxusgegenständen, sondern in dem, was man selbst erreicht und erlebt. Deshalb trägt Dominique seit 20 Jahren dieselbe Jeansmarke, meist kombiniert mit einem weißen Poloshirt – so spart er sich langes Überlegen, was zusammenpasst.

Eine sogenannte Scheißegal-Stimmung ist keine Gleichgültigkeit im Sinne von Desinteresse, sondern ein Ausdruck innerer Freiheit. Es geht darum, sich nicht von der Meinung anderer abhängig zu machen, insbesondere nicht von Menschen, die keinen konstruktiven Beitrag leisten. Denn wer ständig versucht, es allen recht zu machen, verliert oft den Kontakt zu sich selbst. Eine gesunde Scheißegal-Haltung bedeutet: Ich weiß, wer ich bin und was ich will, und ich brauche keine ständige Bestätigung von außen, um meinen Weg zu gehen.

Der Drang, von anderen gemocht oder anerkannt zu werden, ist jedoch menschlich. Vielen Menschen fällt es schwer, sich von den Meinungen anderer zu lösen, da in uns allen tief verankert ist, dass wir das Bedürfnis nach Zugehörigkeit und Bestätigung haben. Dieses Bedürfnis von anderen gemocht und anerkannt zu werden, hat evolutionäre Wurzeln: In früheren Zeiten war das Überleben eng damit verbunden, Teil einer Gruppe zu sein. Wer ausgegrenzt wurde, hatte geringere Überlebenschancen. Auch wenn sich die Welt verändert hat, lebt dieser Mechanismus in uns weiter: Wir wollen gemocht, verstanden und anerkannt werden. Er ist tief in uns verwurzelt. Doch heute steht uns dieser uralte Impuls oft im Weg: in der Schule, im Beruf, im Privaten. Wir vergleichen uns, passen uns an und zensieren unsere Meinung. Dabei übersehen wir, dass wahre Stärke darin liegt, sich selbst treu zu bleiben – auch wenn es nicht jedem gefällt.

Gerade für unternehmerisch denkende Menschen oder diejenigen, die Neues schaffen wollen, ist diese Haltung essenziell. Innovation entsteht nie im Mainstream. Wer neue Wege geht, wird anecken. Wer Haltung zeigt, wird hinterfragt. Wer sich verändert, wird von alten Kontakten vielleicht belächelt. Ohne eine gewisse Unabhängigkeit von der Meinung anderer wäre keine der großen Ideen der Weltgeschichte verwirklicht worden.

Allerdings haben viele Menschen nie gelernt, ihrer eigenen inneren Stimme wirklich zu vertrauen. Sie orientieren sich an äußeren Meinungen, weil sie im Inneren noch keine stabile Überzeugung entwickelt haben. Wer sich mit den eigenen Entscheidungen nicht hundertprozentig sicher ist, neigt eher dazu, sich von Kritik verunsichern zu lassen. Jede kritische Bemerkung kann dann wie ein Beweis wirken, dass man „falschliegt", selbst wenn dem nicht so ist. Man zweifelt weniger an der Meinung des Gegenübers als an sich selbst.

Hier ist gesunder Egoismus gefragt. Er bedeutet nicht, rücksichtslos zu sein, sondern sich selbst wichtig zu nehmen und die eigenen Bedürfnisse, Werte und Ziele nicht ständig hinten anzustellen. Menschen, die sich selbst mit Respekt behandeln, können auch anderen mit mehr Respekt begegnen, da sie keine verdeckten Erwartungen mit sich herumtragen. Gesunder Egoismus bedeutet, sich zu zeigen, statt sich zu verstecken, damit niemand sich gestört fühlt.

Es gibt jedoch Menschen, deren Meinung geachtet werden sollte: echte Freunde, Mentoren, Partner oder enge Wegbegleiter. Das sind Menschen, die einem ehrliche Rückmeldung geben, ohne zu verletzen. Ihre Kritik ist nicht destruktiv, sondern motivierend. Sie wollen einen nicht kleinhalten, sondern Wachstum fördern. Bei diesen Menschen lohnt es sich, hinzuhören, nicht, um sich blind anzupassen, sondern um zu reflektieren, zu lernen und zu wachsen. Doch zwischen ehrlichem Feedback und einer kleinmachenden Meinung liegt ein Unterschied. Wenn dich jemand abwertet, weil du seinen Erwartungen nicht entsprichst, dann ist das kein Zeichen deiner Schwäche, sondern seiner Begrenztheit. In solchen Fällen darf, ja, muss es dir egal sein, was diese Person denkt. Denn dein Leben ist kein Projekt, das zur Beurteilung durch andere freigegeben wurde.

Ein weiterer Aspekt ist das Selbstwertgefühl. Menschen mit einem stabilen Selbstwertgefühl können besser unterscheiden:

> **Diese Kritik ist berechtigt und jene ist schlicht irrelevant.**

Wer hingegen ständig auf der Suche nach Bestätigung ist, läuft Gefahr, sich selbst zu verlieren. Das macht anfällig für äußeren Druck. Die Angst vor Ablehnung wird größer als die Klarheit über den eigenen Weg.

Genau hier kommt die Scheißegal-Stimmung ins Spiel. Wenn man beginnt, vieles nicht mehr so nah an sich heranzulassen, ist das ein gesunder Ausdruck davon. Das bedeutet nicht, dass einem alles egal ist oder man sich völlig abschottet. Im Gegenteil: Man wählt bewusst aus, was man emotional an sich heranlässt und was nicht. Es ist die Fähigkeit, Kritik zu hören, ohne sich sofort davon definieren zu lassen. Es ist die Unterscheidung zwischen konstruktivem Feedback und ungebetener Meinungsmache.

Diese Haltung ist oft das Ergebnis persönlicher Reifung. Sie entsteht, wenn man erkennt, dass es unmöglich ist, es allen recht zu machen, und dass man sich dabei selbst verliert, wenn man es trotzdem versucht. Es ist eine Form von Selbstschutz und Selbstachtung. Man beginnt zu sagen:

> **Ich bin nicht perfekt, aber ich bin okay, so wie ich bin. Und ich trage die Verantwortung für meinen Weg, nicht andere.**

Ob jemand diese Haltung entwickeln kann, hängt eng mit dem Selbstbewusstsein zusammen. Wer sich selbst gut kennt und seine Werte und Ziele klar formulieren kann, ist weniger anfällig für die Urteile anderer. Er muss nicht jede Entscheidung rechtfertigen, da sie aus einem inneren Kompass heraus getroffen wurde und nicht dem Wunsch entspringt, Erwartungen zu erfüllen. Doch wie lernt man diese Haltung? Es ist ein Prozess, keine Entscheidung über Nacht. Er beginnt mit Selbstreflexion:

- Wo verbiege ich mich, um zu gefallen?
- Wo sage ich Ja, obwohl ich Nein meine?
- Welche Stimmen in meinem Kopf gehören wirklich mir und welche habe ich von anderen übernommen?

Ein guter erster Schritt ist Stille. Zeit mit sich selbst. Abstand von sozialen Medien, von der Dauerbewertung und dem ständigen Input. In der Ruhe wird klar, welche Stimme wirklich die eigene ist. Auch das Führen eines Journals kann dabei helfen, Gedanken zu sortieren und Muster zu erkennen.

- Was belastet mich?
- Warum trifft mich Kritik so stark?
- Was möchte ich loslassen?

Danach hilft nur: üben. Es braucht kleine Mutproben. Zum Beispiel eine unpopuläre Meinung äußern. Eine Entscheidung treffen, die andere nicht verstehen. Eine Einladung absagen, obwohl man erwartet wird. Mit jeder dieser Entscheidungen wächst das Selbstvertrauen. Und damit auch das Gefühl:

> **Ich darf anders sein – und bin trotzdem wertvoll.**

Schließlich braucht es auch Geduld. Es wird immer wieder Momente geben, in denen man sich von der Meinung anderer verunsichern lässt. Das ist normal. Doch mit jedem Rückfall wird man bewusster und mit jeder bewussten Entscheidung freier.

Die Scheißegal-Stimmung ist keine Rebellion. Sie ist ein leiser Akt der Selbstachtung. Sie sagt:

> **Ich bin nicht hier, um allen zu gefallen – ich bin hier, um mein Leben zu leben.**

Und das ist vielleicht die wichtigste Lektion.

Mindset schlägt Methode: Wie Haltung Erfolg formt

Erfolg ist nicht das Ergebnis von Glück. Schon 2015 hat *Kontra K* gesungen:

> **Erfolg ist kein Glück, sondern nur das Ergebnis von Blut, Schweiß und Tränen.**

Erfolg ist vielmehr das Ergebnis einer bestimmten Denkweise. Menschen, die erfolgreich sind, unterscheiden sich oft nicht durch ihre Fähigkeiten oder ihre Bildung von anderen, sondern durch ihre inneren Werte, ihren Antrieb und die Disziplin, mit der sie ihre Ziele verfolgen. Dabei spielen der Umgang mit Misserfolgen und Fehlern sowie die richtige Einstellung zur Arbeit und die Menschen, mit welchen sie sich umgeben, eine entscheidende Rolle.

Eine von Patricks prägendsten Eigenschaften ist seine Rationalität, die für ihn auch eine der wichtigsten Charakteristika für langfristigen Erfolg ist. Für Patrick ist es so, dass viele Menschen scheitern oder ihre Ziele nicht erreichen, weil sie sich zu sehr von Emotionen und kurzfristigen Impulsen leiten lassen. Für ihn ist es essenziell, sich von Emotionen zu lösen und Entscheidungen auf Grundlage klarer Fakten und strategischer Überlegungen zu treffen. Diese Einstellung hat ihm in der Vergangenheit geholfen, schwierige Situationen durch klare Entscheidungen besser zu überstehen.

Ein zentraler Aspekt eines erfolgreichen Mindsets ist für beide der Umgang mit Rückschlägen und Misserfolgen. Fehler gehören zum Leben dazu. Für Patrick sind sie kalkulierbare Risiken. Diese Ansicht spiegelt sich in seinem gesamten Denken wider: Probleme sind dazu da, gelöst zu werden, nicht um als Hindernis zu dienen. Dominique teilt diese Sichtweise, geht jedoch noch einen Schritt weiter, indem er betont, dass Erfolg oft nur eine Frage des Willens sei. Er glaubt, dass viele Menschen nicht scheitern, weil sie unfähig wären, sondern weil sie nicht bereit sind, für ihre Ziele zu arbeiten. Aus seiner Sicht ist nicht Intelligenz der limitierende Faktor, sondern Bequemlichkeit.

Auch welche Rolle die Leidenschaft spielt, sollte nicht unterschätzt werden. Dominique ist davon überzeugt, dass Menschen, die einen Job ausschließlich wegen des Gehalts machen, langfristig unglücklich und auch ineffizient sind. Leidenschaft sei der Schlüssel, um auch in schwierigen Zeiten durchzuhalten und über sich hinauszuwachsen. Patrick ergänzt diesen Gedanken, indem er betont, dass Erfolg nicht darin bestehe, über Probleme zu klagen, sondern Lösungen zu präsentieren. Seiner Meinung nach würden viele Menschen ihre Energie damit verschwenden, sich über Umstände zu beschweren, anstatt produktiv an ihren Zielen zu arbeiten.

Für Patrick bedeutet Erfolg so viel mehr als nur finanzielle Unabhängigkeit. Seinen größten Erfolg misst er nicht an seinem Einkommen, sondern an der Freiheit, sein Leben nach eigenen Vorstellungen zu gestalten. Für ihn bedeutet Freiheit, selbstbestimmt zu leben und seine Entscheidungen unabhängig zu treffen.

Patrick verfolgt langfristige Ziele, die er mit einem klaren Plan in die Tat umsetzt. Er ist nicht nur erfolgreich, sondern auch glücklich und lebt nach seinen eigenen Maßstäben. Sein Erfolg ist eng verknüpft mit seinem unstillbaren, inneren Antrieb, sich kontinuierlich weiterzuentwickeln, nie stehen zu bleiben und konsequent seinem eigenen Weg zu folgen. Jedes Ziel ist Teil eines größeren Plans und er überprüft mit Begeisterung und Neugier, ob dieser funktioniert.

Er sieht sich bereits an einem Punkt, an dem er rückblickend mit Zufriedenheit sagen kann, dass er alles erreicht hat, was er sich gewünscht hat. Diese Sichtweise zeigt, dass Erfolg nicht nur von äußeren Faktoren bestimmt wird, sondern stark von der eigenen inneren Einstellung abhängt.

Dominique hingegen hebt hervor, dass das persönliche Umfeld eine entscheidende Rolle für den individuellen Erfolg spielt. Er ist überzeugt, dass Menschen sich mit Gleichgesinnten umgeben sollten, die ähnliche Werte und Ambitionen haben. Seiner Erfahrung nach können falsche soziale Kontakte den eigenen Fortschritt erheblich behindern. Dabei ist er der Meinung, dass erfolgreiche Menschen nicht zwingend in typischen Unternehmerkreisen zu finden sind – oft begegnet er inspirierenden Persönlichkeiten in den unerwartetsten Situationen, sei es ein *Uber*-Fahrer mit unternehmerischen Ambitionen oder eine zufällige Begegnung im Alltag.

Ein weiterer relevanter Punkt für beide ist die bewusste Auswahl des eigenen Umfelds. Daher war es für Patrick auch so wichtig, *Deine Extrameile* in die Welt zu rufen. Für ihn war es von zentraler Bedeutung, einen Raum zu schaffen, in dem sich nur Menschen aufhalten, die an ihrer eigenen Weiterentwicklung interessiert sind und eine ähnliche Denkweise haben. Diese bewusste Entscheidung zeigt, wie essenziell es ist, toxische Elemente aus dem eigenen Leben zu eliminieren und stattdessen ein Umfeld zu gestalten, das Erfolg fördert.

Auch die Einstellung zur Arbeit unterscheidet sich zwischen erfolgreichen und weniger erfolgreichen Menschen. Dominique sieht seine Tätigkeit nicht als lästige Pflicht, sondern als ein Spiel, das ihm Freude bereitet. Er betrachtet Herausforderungen als spannende Rätsel, die es zu lösen gilt, und empfindet große Befriedigung darin, neue Ideen umzusetzen. Sobald ihm eine Tätigkeit keinen Spaß mehr macht, ist er bereit, sich einer neuen Herausforderung zu stellen. Diese Flexibilität und Neugier ermöglichen es ihm, sich stetig weiterzuentwickeln und neue Chancen zu ergreifen, ohne an veralteten Strukturen festzuhalten.

Ein bemerkenswerter Aspekt, den Dominique immer wieder betont, ist der Unterschied zwischen Kontrolle und Verantwortung. Für ihn ist Kontrolle kein Zeichen von Führung, sondern ein Ausdruck von Unsicherheit. Sein Leitsatz lautet:

> **„Kontrolle? Nein, Qualitätssicherung. Ich würde nie mit jemandem arbeiten wollen, den ich kontrollieren muss.**

Diese Haltung zeigt seine tiefe Überzeugung, dass Vertrauen und Kompetenz die Basis jeder produktiven Zusammenarbeit bilden. Kontrolle wird für ihn nur dort notwendig, wo Vertrauen fehlt – und das ist ein Warnsignal für ihn. Anstatt Menschen zu überwachen, setzt er auf Eigenverantwortung, klare Kommunikation und die Bereitschaft, Fehler als Chance zur Weiterentwicklung zu betrachten.

Diese Haltung steht im spannenden Kontrast zu Patricks stärker rational geprägtem Ansatz, bei dem Strukturen, Kontrolle und Effizienz eine Rolle spielen. Patrick betont, dass Systeme und Prozesse dabei helfen, Klarheit zu schaffen und Fehler zu minimieren. Doch auch er erkennt, dass zu viel Kontrolle Innovation hemmen kann. Beide eint die Überzeugung, dass die Einstellung der Menschen entscheidender ist als starre Regeln. Wer mitdenkt, Verantwortung übernimmt und sich selbst reflektiert, braucht keine ständige Überwachung.

Letztendlich haben beide eine differenzierte Sicht auf das Konzept der Freiheit. Während Patrick betont, dass jeder Mensch in einer Art Hamsterrad steckt – sei es finanziell, sozial oder beruflich –, sieht Dominique die Lösung in der bewussten Auswahl des richtigen Umfelds. Für ihn ist Freiheit nicht nur die Abwesenheit von Zwängen, sondern die Möglichkeit, jederzeit neue Wege zu gehen und sich an veränderte Umstände anzupassen.

Erfolg wird nicht durch Glück oder äußere Umstände bestimmt, sondern durch bewusste Entscheidungen und ein konsequentes Mindset. Wer sich mit den richtigen Menschen umgibt, Eigenverantwortung übernimmt, sich selbst herausfordert und eine Leidenschaft für das entwickelt, was er tut, wird nachhaltigen Erfolg erleben. Es geht nicht nur darum, Ziele zu erreichen, sondern ein Leben zu führen, das erfüllend ist.

Dabei ist Erfolg ein häufig verwendeter Begriff, der für jeden etwas anderes bedeutet. Der *Duden* definiert Erfolg als das positive Ergebnis einer Bemühung oder das Eintreten einer beabsichtigten, erstrebten Wirkung. Eine nüchterne Definition, die den Kern zwar trifft, aber kaum widerspiegelt, was Erfolg emotional, gesellschaftlich oder ganz persönlich für viele Menschen bedeutet. Denn hinter dem Wort steckt weit mehr als ein Ziel oder ein erreichter Meilenstein. Erfolg ist oft eine stille Entwicklung, ein inneres Wachstum, ein Prozess, der mit einem Gedanken beginnt:

> **Ich will etwas verändern.**

Allzu oft wird Erfolg mit äußeren Merkmalen gleichgesetzt: Karriere, Vermögen, Bekanntheit. Dabei sind es häufig die leisen, alltäglichen Erfolge, die langfristig den Unterschied machen: der Moment, in dem man sich für etwas Unbequemes entscheidet, weil es den eigenen Werten entspricht; die Fähigkeit, in einer schwierigen Situation ruhig zu bleiben; das Durchhalten, wenn man innerlich längst aufgeben möchte.

Diese kleinen Siege sind nicht weniger bedeutsam. Im Gegenteil: Sie sind es, die aufeinander aufbauen und uns in Bewegung halten, wenn es niemand sieht. Sich dieser kleinen Erfolge bewusst zu werden, stärkt das Selbstvertrauen und macht klar, dass Entwicklung kein einziger großer Sprung ist, sondern ein stetiges Voranschreiten.

Damit sind wir bei der entscheidenden Frage: Warum sind diese kleinen Schritte so wichtig? Ganz einfach: Sie zeigen, dass du fähig bist, Einfluss auf dein Leben zu nehmen. Jeder einzelne bewusste Schritt, jede Entscheidung für Disziplin, Ehrlichkeit oder Mut ist ein Beweis dafür, dass du dein Leben aktiv gestaltest. Und das verändert deinen Blick auf dich selbst. Du wirst nicht mehr zum Spielball der Umstände, sondern zum Akteur.

Doch diese Entwicklung beginnt nicht von außen, sondern von innen. Erfolg ist vor allem eine Frage der Haltung. Die wichtigste Grundlage dafür ist das Mindset, also das Selbstbild, das man von sich hat, und die Art, wie man die Welt sieht. Wer glaubt, dass Fähigkeiten angeboren und unveränderlich sind, wird Herausforderungen eher meiden. Wer hingegen überzeugt ist, dass man durch Anstrengung, Fehler und Lernen besser werden kann, wird selbst Rückschläge als Gelegenheit zum Wachsen nutzen. Dieses sogenannte „Growth Mindset“ ist in den Biografien vieler erfolgreicher Menschen erkennbar – und auch in den Lebenswegen von Patrick und Dominique deutlich sichtbar.

Patrick hat sich nach der Schulzeit früh von traditionellen Wegen gelöst. Er hat die Konventionen der klassischen Karrierepfade hinter sich gelassen und sich durch persönliche Krisen, autodidaktisches Lernen und viel Disziplin berufliche Unabhängigkeit erarbeitet. Es war keine lineare Entwicklung, sondern ein Weg voller Rückschläge, Neuanfänge und bewusster Entscheidungen. Seine Geschichte zeigt, dass persönlicher Erfolg oft nicht dort beginnt, wo andere applaudieren, sondern in Momenten der Unsicherheit, in denen man die Verantwortung für sich selbst übernimmt.

Dominique wiederum hat einen ganz anderen Pfad eingeschlagen. Vom eher zurückgezogenen Schulalltag über ein berufsbegleitendes Studium bis hin zu verantwortungsvollen Positionen im öffentlichen Dienst und der internationalen Wirtschaft war sein Weg von strukturiertem Denken, analytischer Klarheit und dem Wunsch geprägt, mit Substanz zu wirken. Seine Entscheidung, nach Dubai zu gehen, war Ausdruck dieser inneren Haltung: Dort will er arbeiten, wo Leistung zählt, Unternehmertum geschätzt wird und er sein Potenzial in einem globalen Kontext einbringen kann. Auch er hat gelernt, dass Erfolg keine Frage des Ortes ist, sondern der persönlichen Passung – und des Muts, sich dorthin zu begeben, wo man wachsen kann.

Was beide Biografien verbindet, ist der Glaube an die Gestaltungskraft des Individuums. Es ist kein Zufall, dass sie unabhängig voneinander zu derselben Schlussfolgerung gelangt sind: Um ein selbstbestimmtes, erfülltes Leben zu führen, muss man nicht aus den „richtigen" Verhältnissen kommen. Wichtig ist, bereit zu sein, zu reflektieren, Verantwortung zu übernehmen und Entscheidungen zu treffen, die nicht immer leicht, aber notwendig sind.

Erfolg ist also weit mehr als ein erreichter Zustand. Er ist ein Spiegelbild deiner inneren Entwicklung. Je klarer du dir über deine Ziele und Werte bist, desto präziser kannst du ihn gestalten. Es gibt nicht den einen Erfolg, sondern viele Arten, erfolgreich zu sein. Für manche bedeutet es, ein eigenes Unternehmen aufzubauen. Für andere bedeutet es, mit sich selbst im Reinen zu sein. Wieder andere sind erfolgreich, wenn sie gesund bleiben, echte Beziehungen pflegen oder sich kreativ ausdrücken. All das sind berechtigte Formen von Erfolg. Wichtig ist nur, dass du deinen eigenen Maßstab findest und nicht den von jemand anderem übernimmst.

Dennoch fällt es, wie bereits erwähnt, vielen Menschen schwer, sich von äußeren Meinungen abzugrenzen. Das liegt oft an Unsicherheit, mangelndem Selbstwert oder daran, dass man eigene Entscheidungen bisher nicht vollständig verinnerlicht hat. Gerade dann ist man besonders leicht verunsichert durch das Urteil anderer. Doch genau hier liegt eine der wichtigsten Lernaufgaben auf dem Weg zu echtem Erfolg: die Entwicklung einer inneren Stabilität, die unabhängig von Applaus oder Kritik anderer funktioniert.

Es geht nicht darum, nie wieder an sich zu zweifeln. Es geht vielmehr darum, sich trotz Zweifel zu bewegen. Es geht darum, eine gewisse Scheißegal-Stimmung zu kultivieren – im besten Sinne. Nicht als Ignoranz, sondern als Schutzraum. Als Haltung, die es dir ermöglicht, dich nicht von jeder Meinung treffen zu lassen, nicht auf jedem Spielfeld mitzuspielen und nicht jeden Impuls von außen für bare Münze zu nehmen. Diese innere Unabhängigkeit ist keine Arroganz, sondern Klarheit.

Zu guter Letzt bleibt die Frage: Kann jeder erfolgreich werden? Ja, wenn man bereit ist, für sich zu definieren, was Erfolg bedeutet, und diesen Weg konsequent zu gehen. Erfolg ist kein exklusiver Club, sondern ein Prozess, der für jeden offensteht. Er verlangt Klarheit über die eigenen Ziele, die Bereitschaft zu lernen und den Mut, Verantwortung zu übernehmen. Erfolg beginnt dort, wo du aufhörst, Ausreden zu akzeptieren, und anfängst, deine eigenen Entscheidungen ernst zu nehmen. Vielleicht ist jetzt genau der richtige Zeitpunkt, um dich selbst zu fragen:

- Was bedeutet Erfolg für mich, auch jenseits der Erwartungen anderer?
- Welche kleinen Erfolge habe ich in letzter Zeit übersehen?
- Was hält mich davon ab, meine eigenen Vorstellungen konsequent umzusetzen?
- Welche Stimmen beeinflussen mich und welche will ich wirklich hören?
- Wo war ich in letzter Zeit mutig und was hat mir das gezeigt?

Die Antworten auf diese Fragen sind keine Endpunkte, sondern Anfänge. Sie sind der Einstieg in einen ehrlichen Dialog mit dir selbst und genau dort beginnt echter Erfolg.

Warum der Pinguin nicht fürs Land gemacht ist – und du vielleicht auch nicht

Die berühmte Metapher von Eckart von Hirschhausen ist auf den ersten Blick niedlich, aber bei näherer Betrachtung enthält sie eine tiefgreifende Wahrheit: den Pinguin-Vergleich. Pinguine wirken an Land unbeholfen, watscheln hilflos, rutschen aus, sehen tollpatschig aus. Doch sobald sie im Wasser sind, verwandeln sie sich in wahre Meister der Bewegung. Sie sind elegant, zielgerichtet, schnell, wendig und effizient. Der Kontrast könnte nicht größer sein. Die klare Botschaft: Jeder Mensch ist in einem bestimmten Umfeld besonders wirksam. Es kommt nicht nur auf die Fähigkeiten an, sondern darauf, ob man sich in der Umgebung befindet, in der diese Fähigkeiten wirklich zum Tragen kommen.

Das Bild des Pinguins soll Menschen Mut machen, ihren eigenen Weg zu gehen. Man ist nicht falsch, vielleicht ist man einfach am falschen Ort. Es geht also nicht darum, sich zu verbiegen oder zu verändern, sondern das Umfeld zu finden, in dem man mit den eigenen Stärken zur Geltung kommt. Diese Metapher lässt sich auf viele Lebensbereiche übertragen – sei es Schule, Beruf oder Familie. Sie ist ein Plädoyer für die Suche nach dem persönlichen Wirkungskreis.

Dominique greift diese Analogie immer wieder auf. Für ihn steht sie sinnbildlich für das, was er im Laufe seines Lebens und besonders während seiner politischen Laufbahn erfahren hat. Auf dem „Eis“ der politischen Bühne, wo Machtspiele, Netzwerke und Inszenierungen eine übergeordnete Rolle spielen, fühlte er sich oft deplatziert. Nicht weil er inkompetent wäre, es war einfach nicht das passende Umfeld für ihn, weil es nicht mit seinen Werten und seiner Direktheit harmonierte. Er war effizient, lösungsorientiert, schnell. Gerade diese Eigenschaften stießen in der politischen Realität oft auf Widerstand. Dort wurde derjenige bevorzugt, der sich diplomatisch zurückhält, taktisch agiert oder sich verbiegt. Dominique hingegen war derjenige, der klare Worte fand, auf Fakten pochte und sich nicht an politischen Spielchen beteiligen wollte. Das kam nicht überall gut an, obwohl er fachlich oft weiter war als andere.

Er beschreibt es selbst als eine Art Nahtoderfahrung – weil es ihn innerlich auffraß, ständig gegen eine Wand aus Misstrauen, Missgunst und Oberflächlichkeit zu laufen. Doch er war nicht „falsch", er war einfach auf der falschen Bühne. Als er die Politik hinter sich ließ und seinen Wirkungskreis selbst definierte, wurde aus dem Pinguin auf der Eisscholle ein Pinguin im Wasser: effizient, strategisch, klar, leistungsfähig. In der IT, in internationalen Projekten, in seiner jetzigen Umgebung, in der Direktheit geschätzt wird und Lösungen wichtiger sind als bloße Worte, blüht er auf.

Auch bei Patrick lässt sich die Pinguin-Analogie gut anwenden, allerdings auf andere Weise. Patrick hat lange nach seiner eigenen Form der Wirksamkeit gesucht. Er versuchte sie zunächst auf den klassischen Wegen – Schulbildung, Ausbildung, Bewerbungen bei großen Unternehmen. Doch wie der Pinguin auf dem Eis wirkte er dort deplatziert. Nicht weil er nicht leistungsfähig gewesen wäre, sondern weil sein Denken, seine Energie und seine Vorstellung von Erfolg nicht in die engen Strukturen passten. Ein Schlüsselmoment war sein damaliges Bewerbungsgespräch. Ihm wurde klar, dass er an einem Ort war, der seine Stärken nicht sehen oder nutzen konnte.

Statt sich weiter auf dem Eis zu bewegen, suchte Patrick nach seinem „Wasser". Er setzte seine Talente eigenverantwortlich ein, startete eigene Projekte und setzte eigene Ideen um. Der Aufbau seines Social-Media-Accounts, seine Tätigkeit in der Finanzwelt und sein Umgang mit Communitys zeigen eindeutig: Er funktioniert bestens, wenn er selbst das Umfeld bestimmt. In seiner Welt – geprägt von Authentizität, praktischer Finanzbildung und dem Wunsch, echten Mehrwert zu liefern – ist er der Pinguin im Wasser: fokussiert, klar, wirksam. Was früher nach einem holprigen Start aussah, ist heute eine Erfolgsgeschichte, weil er sich nicht mehr an den Maßstäben anderer orientiert.

Diese Analogie macht eines deutlich: Erfolg ist keine Frage von „mehr Anstrengung" oder „besseren Noten", sondern eine Frage der Passung. Der beste Pinguin bringt auf der Eisscholle keine Höchstleistung, er braucht das Wasser. Und der intelligenteste Mensch kann scheitern, wenn er sich in einem Umfeld bewegt, das seine Stärken nicht anerkennt oder fördert. Und umgekehrt: Wer sein Wasser gefunden hat, wird über sich hinauswachsen.

Die Suche nach dem eigenen Element beginnt oft schon früh – in der Schule, im Elternhaus, im Freundeskreis. Doch gerade dort werden Kinder und Jugendliche häufig in Raster gepresst, die nicht zu ihnen passen. Wer nicht still sitzen kann, gilt als unkonzentriert; wer außerhalb der Box denkt, als schwierig; wer Gefühle zeigt, als schwach. Viele Talente bleiben unentdeckt, weil sie nicht in das enge Koordinatensystem der gängigen Bewertungskriterien passen. Doch das Problem liegt nicht beim Kind, sondern beim Raster. Die Eisscholle ist nicht für jeden gemacht und das ist in Ordnung.

Die Familie kann in diesem Prozess unterstützend oder hinderlich wirken. Wer Eltern hat, die die individuellen Stärken erkennen und fördern, hat oft einen entscheidenden Vorsprung. Doch nicht jeder hat dieses Glück. Viele Menschen wachsen in Strukturen auf, in denen Sicherheit, Konformität und Funktionieren mehr zählen als Kreativität, Spontaneität oder Eigenständigkeit. Das Ergebnis: Man passt sich an, wird kleiner, als man ist, und verliert das Gefühl für die eigene Wirksamkeit. Die Pinguine lernen, an Land zu überleben, statt sich ins Wasser zu trauen.

Ein entscheidender Wendepunkt im Leben vieler Menschen ist daher der Moment, in dem sie das erste Mal echtes „Wasser" erleben. Das kann ein Praktikum sein, ein Projekt, eine Reise, ein Hobby oder eine Begegnung mit einem Menschen, der einen ermutigt. Plötzlich merkt man: Es geht auch anders. Ich kann etwas, das hier gefragt ist. Ich werde nicht gebremst, sondern gefördert. Ich fühle mich nicht falsch, sondern angekommen.

Doch selbst dann braucht es Mut: Mut, gegen Erwartungen anzugehen; Mut, den alten Platz auf der Eisscholle zu verlassen; Mut, neue Wege zu gehen, ohne zu wissen, wohin sie führen. Dieser Prozess ist nicht linear. Oft probiert man mehrere Gewässer aus, scheitert, beginnt neu. Doch jeder Schritt bringt Klarheit. Und irgendwann spürt man es: Ich bin im Wasser.

Auch im beruflichen Kontext zeigt sich die Bedeutung des richtigen Umfelds besonders deutlich. Es gibt Menschen, die in hierarchischen Strukturen aufblühen, klare Vorgaben lieben und in Teams funktionieren. Andere brauchen Freiheit, Selbstbestimmung und kreativen Spielraum. Kein Modell ist besser oder schlechter – entscheidend ist nur, ob es zu einem passt. Das permanente Vergleichen mit anderen führt dabei nur in die Irre. Denn was für den einen funktioniert, kann für den anderen lähmend sein.

In Gesprächen mit jungen Menschen, die sich in Ausbildung oder Studium fragen, ob sie auf dem richtigen Weg sind, formulieren Dominique und Patrick ihre Sicht klar: Nicht die Leistung zählt, sondern das Umfeld. Es lohnt sich, nicht nur nach Noten oder Karriereleitern zu fragen, sondern sich zu überlegen:

- Wo fühle ich mich lebendig?
- In welchen Momenten vergesse ich die Zeit?
- Was fällt mir leicht, was gibt mir Energie?

Diese Fragen sind keine Spielerei, sondern Wegweiser.

Wer in einem unpassenden Umfeld bleibt, zahlt oft einen hohen Preis – psychisch, emotional, gesundheitlich. Man funktioniert, aber man lebt nicht. Viele erkennen erst spät, wie viel Kraft es gekostet hat, sich zu verbiegen. Die gute Nachricht ist: Es ist nie zu spät, den Sprung ins Wasser zu wagen. Und es ist keine Schwäche, das Eis zu verlassen, es ist Stärke. Es bedeutet, Verantwortung für das eigene Leben zu übernehmen und sich selbst ernst zu nehmen.

Das gilt auch für die nächste Generation. Wer Kinder begleitet, kann ihnen helfen, ihr Element zu entdecken. Nicht durch Druck, sondern Offenheit. Nicht durch Erwartungen, sondern Ermutigung. Denn der größte Dienst, den man einem Kind erweisen kann, ist nicht, es auf der Eisscholle zum Funktionieren zu bringen, sondern ihm zu zeigen, dass es Wasser gibt.

Dominique und Patrick wissen, wie wichtig es ist, sich nicht an gesellschaftlichen Erwartungen festzuklammern, sondern ehrlich zu reflektieren: Bin ich gerade in meinem Element oder bewege ich mich noch auf dem Eis? Das Finden des „eigenen Wassers" ist kein einmaliger Moment, sondern ein Prozess. Er beginnt mit dem Mut, sich selbst kennenzulernen, geht weiter mit dem Mut, neue Wege zu gehen, und endet damit, sich nicht von den Erwartungen anderer verbiegen zu lassen.

Genau hier liegt der größte gemeinsame Nenner der beiden. So unterschiedlich ihre Wege, Erfahrungen und Charaktere auch sind: Beide haben sich nicht damit abgefunden, auf der Eisscholle zu watscheln. Sie haben entschieden, ihre Umgebung aktiv mitzugestalten, ihr Umfeld zu wechseln und dabei immer sie selbst zu bleiben.

Für dich ist jetzt der Zeitpunkt gekommen, zu erkennen: Bist du schon im Wasser oder noch auf dem Eis?

Was bleibt: Spuren, Haltung und letzte Ziele

Wenn man sich mit dem eigenen Lebensweg auseinandersetzt, taucht früher oder später eine zentrale Frage auf: Was bleibt? Was werden Menschen in zwanzig Jahren über einen sagen? Für Dominique ist diese Frage kein rein theoretisches Gedankenspiel. Sie betrifft sein tägliches Handeln. Nicht im Sinne von Perfektion oder Selbstinszenierung, sondern als Maßstab für Integrität.

Er weiß, dass er viele Entscheidungen getroffen hat, die für Außenstehende vielleicht grenzwertig wirken. Unkonventionelle Karrierepfade, ein Leben auf mehreren Kontinenten, berufliche Wechsel in Tempo und Richtung – das kann nicht jeder nachvollziehen. Und doch zieht sich ein roter Faden durch alles: Er möchte niemals den Eindruck hinterlassen, jemand sei durch ihn zu Schaden gekommen. In seinen Worten:

> **Bei all den grenzwertigen Stunts ist mir wichtig, dass niemand das Gefühl hat, ich hätte ihm geschadet.**

Genau dieser Gedanke prägt sein Vermächtnis – nicht materiell, sondern menschlich.

Dominique hat sich Ziele gesetzt. Das hat einen bestimmten Grund. Die Ziele geben ihm Struktur. Seine Promotion ist so ein Ziel. Es geht ihm dabei nicht um einen Titel für die Visitenkarte, sondern darum, ein mentales Abschlusskapitel zu erreichen. Mit der Promotion hat er das akademische Spiel durchgespielt. Es wird das letzte Feld auf einem Spielfeld, das er sich selbst entworfen hat. Die Promotion ist kein Selbstzweck, sondern es geht ihm darum, ein Kapitel vollständig abzuschließen. Es geht nicht darum, Anerkennung zu heischen, sondern darum, etwas zu beenden. Und was er seinem 18-jährigen Ich sagen würde? Die Antwort kommt ohne lange Pause:

> **Es wird besser.**

Diese drei Worte fassen persönliche Krisen, Zweifel und Umwege zusammen und spiegeln auch die Entwicklung wider, die er durchlaufen hat. Sie zeigen, dass ein Leben voller Ambitionen und Verantwortung nicht immer geradlinig verläuft und dass das in Ordnung ist. Es ist keine Geschichte von stetigem Aufstieg, sondern von Erkenntnis. Und diese Erkenntnis möchte er weitergeben.

Auch Patrick stellt sich diese Frage, wenn auch nicht laut, sondern eher im Subtext seines Handelns. Rückblickend auf seine Schulzeit betont er, dass Fehler keinen dauerhaften Stempel hinterlassen. Für ihn war das Leben nicht in Stein gemeißelt. Die frühen Niederlagen – schlechte Noten, Unsicherheit und sein Verhalten – waren nicht das Ende, sondern der Anfang von etwas Neuem. Was er seinem 18-jährigen Ich mitgeben würde? Ganz klar:

> **Dass nichts verloren ist. Dass man die Richtung jederzeit ändern kann. Und dass der Wert eines Menschen niemals von Schulnoten abhängt.**

Diese Einstellung zieht sich auch durch sein heutiges Leben. Patrick reflektiert offen, dass er nie gedacht hätte, dass sich sein Leben so entwickeln würde. Selbstständigkeit war zwar ein Wunsch, aber mit diesem Ausmaß, dieser öffentlichen Wirkung und der Verantwortung für ein wachsendes Publikum hätte er nie gerechnet. Auf die Frage, ob er das früher erwartet hätte, antwortet er deutlich:

> **Niemals. Ich wollte zwar immer selbstständig sein, aber dass es so krass wird, hätte ich nie gedacht.**

Mittlerweile ist Patrick an einem Punkt angelangt, an dem er ernsthaft darüber nachdenkt, sich zurückzuziehen. Nicht aus Frust oder Mangel an Ideen, sondern weil ihn die Öffentlichkeit und das ständige Präsentsein mit der Zeit ermüden. Beruflich fühlt er sich erfüllt, vielleicht sogar „durch", wie er es formuliert. Es gibt keine großen Meilensteine mehr, die er anstrebt. Vielmehr denkt er darüber nach, was es bedeutet, allein zu agieren. Für sich. Ohne Erwartung, ohne Publikum. Die Bühne zu verlassen – nicht aus Schwäche, sondern aus Klarheit:

> **Beruflich bin ich eigentlich durch. Ich denke eher darüber nach, komplett aufzuhören und allein zu agieren, weil Öffentlichkeit anstrengend ist.**

Diese Gedanken verdeutlichen die Veränderung von Erfolg. Vom äußeren Glanz zur inneren Ruhe. Vom ständigen Machen zum bewussten Sein. Sowohl Dominique als auch Patrick haben auf sehr unterschiedliche Weise gelernt, dass ein erfülltes Leben nicht darin besteht, alles zu erreichen, sondern das Richtige. Für sich selbst. Dominique lebt nicht für einen Nachruf, aber sehr bewusst mit dem Gedanken, dass die Spuren, die man hinterlässt, mehr über einen Menschen aussagen als jeder Titel, jede Auszeichnung oder jeder Auftritt. Sein Vermächtnis besteht nicht darin, was man anhäuft, sondern darin, was man weitergibt – sei es Haltung, Klarheit oder der Mut, den eigenen Weg zu gehen.

Wenn man ihn in Zukunft in Erinnerung behält, dann hoffentlich nicht als jemanden, der angepasst gelebt hat, sondern als jemanden, der sich selbst treu geblieben ist. Und als jemanden, der andere auf ihrem Weg ermutigt hat – ganz gleich ob als Kollege, Mentor, Freund oder Fremder, der zum richtigen Zeitpunkt den richtigen Impuls gegeben hat.

Ja, es ist wichtig, sich Lebensziele zu setzen. Nicht weil man alles minutiös planen müsste, sondern weil Ziele Orientierung geben. Sie helfen dabei, Entscheidungen zu treffen und Prioritäten zu setzen, damit man sich in einer Welt voller Möglichkeiten nicht verliert. Wer keine Ziele hat, lebt oft im Reaktionsmodus und wird von den Erwartungen anderer oder äußeren Umständen getrieben.

Lebensziele hingegen bieten Orientierung. Sie geben dem Alltag Sinn und schaffen eine Verbindung zwischen dem, was man tut, und dem, was einem wirklich wichtig ist. Sie sind der innere Kompass, der auch in schwierigen Zeiten Orientierung bietet. Doch wenn Menschen am Ende ihres Lebens auf ihr Dasein zurückblicken, sind es selten die finanziellen Erfolge, die in ihrer Erinnerung leuchten. Es sind die Momente – Beziehungen, Erfahrungen, Überwindungen, Nähe. Es ist das Lächeln eines Kindes, das Gefühl, gebraucht worden zu sein, die Erinnerung an Mut, der sich gelohnt hat. Selbst große Karrieren verblassen, wenn sie nicht mit innerem Wachstum und echten Begegnungen verknüpft sind. Menschen bedauern selten, zu wenig Geld verdient zu haben, aber sehr oft, zu wenig Zeit mit geliebten Menschen verbracht oder sich selbst zu oft vergessen zu haben. Deshalb wären gute Fragen an das frühere oder auch das heutige Ich:

- Was zählt wirklich?
- Was will ich nicht verpassen?
- Und was würde ich anders machen, wenn ich ehrlich zu mir bin?

Manchmal hilft diese Perspektive, um wieder das Wesentliche zu sehen. Um sich von äußeren Maßstäben zu lösen und sich zu fragen:

- Bin ich eigentlich noch auf dem Weg, den ich wirklich gehen will?
- Oder erfülle ich nur Erwartungen, die gar nicht meine eigenen sind?

Was würde man dem früheren Ich sagen? Vielleicht:

> **Du musst nicht alles wissen. Du darfst Fehler machen. Es wird besser.**

oder

> **Trau dich, dich selbst ernst zu nehmen. Du bist gut genug – nicht irgendwann, sondern jetzt schon.**

Solche inneren Botschaften haben Kraft. Sie erinnern uns daran, dass wir nicht perfekt sein müssen, um Großes zu erreichen. Es kommt nicht darauf an, wie lange man gebraucht hat, sondern dass man überhaupt beginnt.

Denn genau das ist der springende Punkt: Es ist nie zu spät, anzufangen. Egal, wie alt du bist, wie viel Zeit du bereits verschwendet hast oder wie oft du gezweifelt hast – jeder neue Tag bietet die Möglichkeit, etwas zu verändern. Du kannst dich neu entscheiden. Du kannst neue Wege gehen, neue Menschen kennenlernen und neue Fähigkeiten erwerben. Veränderung ist nicht an ein bestimmtes Alter oder einen bestimmten Lebensabschnitt gebunden. Sie beginnt mit der inneren Entscheidung:

Ich will es anders machen.

Und dann mit dem ersten Schritt. Die Frage, ob es den Moment gibt, in dem man „alles erreicht" hat, beschäftigt viele – oft mehr im Stillen als offensichtlich. Doch je intensiver man sich mit Leben und Erfolg auseinandersetzt, desto klarer wird: Einen endgültigen Moment des Ankommens gibt es selten – wenn überhaupt. Denn Erfolg ist keine feste Endstation, sondern ein bewegliches Ziel. Oft verschiebt es sich, sobald man es erreicht hat. Was heute wie der große Durchbruch erscheint, ist morgen schon die neue Basis. Das ist menschlich. Und genau darin liegt auch eine gewisse Schönheit.

Der Irrglaube, dass ein bestimmter Moment alles verändern wird – das große Projekt, der berufliche Durchbruch oder ein hoher Kontostand –, verkennt, dass Erfüllung nicht im Ereignis, sondern im Prozess liegt. Der Weg zum Ziel ist oft viel bedeutender. Wer lernt, diesen Weg zu genießen und Wachstum und Bewegung wertzuschätzen, lebt reicher als jemand, der nur auf ein Ergebnis hinarbeitet. Denn am Ziel zu stehen, ohne sich selbst dabei gespürt zu haben, fühlt sich leer an.

Viele erfolgreiche Menschen berichten, dass sie sich nach dem Erreichen ihrer großen Ziele nicht erfüllt, sondern leer oder rastlos gefühlt haben. Warum? Weil das Streben, die Entwicklung und das innere Wachsen gefehlt haben oder plötzlich weggefallen sind. Es zeigt sich: Der eigentliche Reiz liegt im Fortschritt, nicht im Besitz. Im Gehen, nicht im Ankommen. Und manchmal besteht das eigentliche Ziel genau darin: im bewussten Leben, im echten Erleben und im wertschätzenden Umgang mit dem Jetzt.

Es ist natürlich legitim, mehr zu wollen. Wachstum ist ein natürlicher Teil unseres Seins. Doch entscheidend ist die Frage:

- Warum will ich mehr?
- Aus einem echten inneren Drang heraus oder aus einem Gefühl des Mangels?
- Möchte ich mich selbst verwirklichen oder jemandem etwas beweisen?

Diese Reflexion ist entscheidend. Denn wer immer nur „mehr“ will, ohne zu wissen, wofür, wird nie satt. Wer jedoch aus innerer Klarheit heraus handelt, kann ambitioniert und zugleich zufrieden sein. Was einem wirklich etwas gibt, ist selten das Materielle. Es sind die Momente, in denen man spürt, dass man lebt, dass man gewachsen ist. Wenn man etwas geschaffen hat, das Bestand hat – sei es ein Gedanke, ein Projekt oder eine Verbindung zu einem anderen Menschen.

Echtes Glück entsteht oft im Kleinen: ein ehrliches Gespräch, ein stiller Moment der Zufriedenheit oder das Gefühl, sich selbst treu geblieben zu sein. Es ist nicht die Anerkennung von außen, sondern das stille Wissen: Ich habe mein Bestes gegeben.

Und doch ist die Frage berechtigt: Tun wir das, was wir tun, wirklich für uns selbst – oder doch für andere? Die Wahrheit liegt meist dazwischen. Natürlich wollen wir dazugehören, Anerkennung erfahren und geliebt werden. Das ist zutiefst menschlich. Und in Maßen ist es auch gesund. Wer sich jedoch nur über die Bestätigung anderer definiert, verliert irgendwann den Kontakt zu sich selbst. Der Schlüssel liegt darin, aus innerer Überzeugung zu handeln und nicht nur, um Erwartungen zu erfüllen.

Das bedeutet jedoch nicht, egoistisch durchs Leben zu gehen. Im Gegenteil: Wer in sich ruht und seine Ziele aus einer gesunden inneren Haltung heraus verfolgt, hat oft mehr zu geben. Wer für sich selbst gut sorgt, kann auch für andere da sein. Wer sich selbst ernst nimmt, begegnet auch anderen mit Respekt.

Der Unterschied liegt in der Quelle der Motivation: Handle ich, weil ich es will oder aus Angst, anderen nicht zu genügen?

Vielleicht ist es diese Balance, die wahres Wachstum ausmacht: sich selbst genug zu sein und dennoch offen für Verbindungen zu sein; Ehrgeiz zu haben und dennoch loslassen zu können; groß zu denken und gleichzeitig das Kleine zu würdigen; und zu erkennen, dass Erfolg dann entsteht, wenn man ihn nicht nur als Ergebnis, sondern als Lebenshaltung versteht.

Ob man also je „alles erreicht" hat, ist gar nicht die entscheidende Frage. Viel relevanter ist, sich zu fragen:

- Lebst du gerade ein Leben, das sich für dich stimmig anfühlt?
- Tust du Dinge, die dich erfüllen, die Sinn ergeben und dich weiterbringen – nicht nur äußerlich, sondern auch innerlich?

Wenn du diese Fragen mit einem ehrlichen Ja beantworten kannst, bist du vielleicht näher am „Ankommen", als du denkst.

Denn vielleicht ist Ankommen kein Zustand, sondern ein Moment. Ein Moment, in dem du innehältst, dich umschaust und denkst:

> **Genau hier, genau jetzt bin ich richtig.**

Bei all dem ist ein Thema jedoch zentral und wird leider oft vergessen: Gesundheit. Sie ist die Grundlage für alles. Ohne körperliche und mentale Stabilität verlieren selbst die größten Erfolge an Wert. Was nützt es, ein Unternehmen aufgebaut zu haben, wenn man sich dabei selbst kaputtgemacht hat? Was bringt finanzieller Wohlstand, wenn man innerlich leer oder ausgebrannt ist?

Gesundheit ist kein Luxus. Sie ist das Fundament, auf dem alles aufbaut. Und sie braucht Pflege, Achtsamkeit und Grenzen. In der Hektik des Alltags, bei der Jagd nach Leistung, Anerkennung oder Wachstum, ist es leicht, diese Basis zu vernachlässigen. Oftmals wird ihre Bedeutung erst in einer Krise bewusst. Deshalb ist es umso wichtiger, bewusst Raum dafür zu schaffen. Für Pausen. Für Bewegung. Für Schlaf. Für Gespräche, die guttun. Für all das, was uns stabilisiert – innerlich wie äußerlich. Denn wenn die Gesundheit mitspielt, ist fast alles möglich. Fehlt sie, wird selbst das Einfachste zur Herausforderung.

Vielleicht ist das am Ende die wichtigste Erkenntnis: Ein gutes Leben entsteht aus dem Zusammenspiel vieler Elemente, klaren Zielen, echter Verbindung, innerer Haltung, gelebter Verantwortung und einer gesunden Basis, auf der alles ruht. Wer das erkennt, lebt nicht nur erfolgreicher, sondern auch bewusster. Und genau darin liegt oft die größte Erfüllung.

FAZIT

Erfolg ist kein Zufallsprodukt. Es ist die Konsequenz aus Haltung, Mut, Verantwortung und stetigem Wachstum. Wenn dieses Buch eines deutlich macht, dann dies: Es gibt nicht den einen richtigen Weg, um erfolgreich zu sein. Aber es gibt Prinzipien, die den Unterschied machen – unabhängig von Herkunft, Umfeld oder Startbedingungen. Patrick und Dominique sind zwei Persönlichkeiten mit unterschiedlichen Biografien, aber einer gemeinsamen inneren Haltung. Sie zeigen: Es kommt nicht darauf an, wo man herkommt, sondern wo man hinwill und ob man bereit ist, sich auf den Weg zu machen.

Patrick ist in einer Umgebung aufgewachsen, in der er früh lernen musste, auf eigenen Beinen zu stehen. Die Schulzeit war für ihn keine Zeit der Entfaltung, sondern eher ein Kampf gegen starre Strukturen. Er war nie der Typ für klassische Bildungswege. Er suchte nach eigenen Lösungen, eigenen Wegen. Nach der Schule fand er seinen Weg über die Finanzwelt und baute sich mit viel Eigeninitiative und harter Arbeit eine selbstbestimmte Existenz auf. Besonders in der Welt der sozialen Medien entdeckte er ein Ventil, um seine Erfahrungen zu teilen und anderen Mut zu machen, ihren eigenen Weg zu gehen. Patrick steht für Unabhängigkeit, für schnelles Handeln und eine unverblümte Art, Dinge auf den Punkt zu bringen.

Dominique hingegen war schon in der Schulzeit der ruhige, analytische Typ. Er war nicht unbedingt Teil des Mainstreams, sondern ging lieber seinen eigenen Weg – oft beobachtend, manchmal auch zurückgezogen. Seine berufliche Laufbahn führte ihn über die IT in internationale Projekte und schließlich nach Dubai. Dort fand er ein Umfeld, das seine Denkweise und seine strategische Arbeitsweise ideal ergänzte. Er steht für Beständigkeit, für reflektierte Entscheidungen und für eine tiefe Loyalität gegenüber den Werten, die ihm wichtig sind.

Unternehmertum beginnt nicht mit Kapital oder einem genialen Businessplan. Es beginnt mit einem Gedanken: Ich übernehme Verantwortung – für meine Ideen, meine Entscheidungen, mein Handeln. Diese innere Entscheidung ist das Fundament, auf dem alles Weitere aufbaut. Wer unternehmerisch denkt, fragt nicht, wer schuld ist, sondern: Was kann ich tun? Es geht darum, aktiv zu werden, Chancen zu erkennen oder selbst zu schaffen. Beide haben auf ihre Weise bewiesen, dass Initiative, Klarheit und Konsequenz entscheidender sind als äußere Umstände.

Und doch ist es erstaunlich, wie oft Menschen glauben, sie könnten etwas nicht, weil sie aus einem bestimmten Umfeld stammen, weil sie nicht „dazugehören" oder nicht den vermeintlich perfekten Lebenslauf vorweisen können. Patrick und Dominique zeigen eindrucksvoll, dass die Herkunft nicht das Schicksal bestimmt. Vielmehr kann sie, wenn man bereit ist, hinzusehen und zu wachsen, sogar zur Stärke werden. Wer sich von seiner Geschichte nicht lähmen lässt, sondern sie als Ausgangspunkt begreift, wird oft der stärkste Gestalter seiner Zukunft.

Ziele zu erreichen, ist kein bequemer Prozess. Es erfordert Ausdauer, Disziplin und die Bereitschaft, Rückschläge nicht als Niederlagen, sondern als Lernmomente zu sehen. Es gibt keine Garantie für Erfolg, aber es gibt eine Haltung, die ihn möglich macht. Die Fähigkeit, weiterzugehen, wenn andere stehen bleiben. Der Mut, neue Wege zu versuchen, auch wenn man dabei scheitern könnte. Dominique sowie Patrick mussten Phasen durchstehen, in denen nichts zu funktionieren schien, und genau dort haben sie gelernt, worauf es wirklich ankommt: Dranbleiben. Reflektieren. Nachjustieren. Weitermachen.

Dabei ist Authentizität kein Luxus, sondern eine Notwendigkeit. Wer sich verstellt, um Erwartungen zu erfüllen, verliert langfristig sich selbst und damit seine Kraft. Echtheit ist keine Schwäche, sondern eine Stärke. Menschen spüren, ob jemand hinter dem steht, was er sagt. Patrick verkörpert das auf seine ganz eigene, direkte Weise. Dominique zeigt, dass man auch leise und reflektiert konsequent sein kann. Beide beweisen: Wer ehrlich mit sich selbst ist, zieht die richtigen Menschen an und stößt andere bewusst ab. Genau das braucht es für nachhaltigen Erfolg.

Denn niemand erreicht etwas Großes allein. Beziehungen sind keine Tauschgeschäfte, sondern Resonanzräume. Sie entstehen nicht durch Taktik, sondern durch Vertrauen, Loyalität und Offenheit. Erfolgreiche Menschen wissen: Es zählt nicht, wie viele Menschen man kennt, sondern wie tief die Verbindung zu wenigen ist. Wer sich mit den richtigen Menschen umgibt, wächst über sich hinaus. Netzwerke sind nicht zum Nutzen da, sondern zur gegenseitigen Unterstützung. Sie erfordern Geben und Nehmen und manchmal auch die Entscheidung, sich zu trennen, wenn Werte nicht mehr übereinstimmen.

Der vielleicht wichtigste Schlüssel ist Selbstreflexion. Wer unternehmerisch oder selbstbestimmt leben will, muss sich selbst führen können. Das bedeutet, sich ehrlich mit den eigenen Schwächen auseinanderzusetzen, die eigenen Muster zu erkennen, Abwehrmechanismen wie Projektion zu durchschauen und Verantwortung für die eigenen Reaktionen zu übernehmen. Nur wer sich selbst versteht, kann mit Druck umgehen, klar entscheiden und langfristig auf Kurs bleiben.

Und gerade in Krisen zeigt sich, wie stabil das Fundament ist. Wer gelernt hat, Rückschläge nicht persönlich zu nehmen, sondern als Feedback zu sehen, entwickelt Resilienz. Es ist kein Zeichen von Schwäche, zu scheitern. Es ist ein Zeichen von Größe, wieder aufzustehen. Erfolg bedeutet nicht, keine Fehler zu machen. Er bedeutet, sich nicht entmutigen zu lassen. Jeder Rückschlag enthält eine Lektion und jeder Neuanfang ist eine Chance, es besser zu machen.

In einer Welt, die schnelle Antworten fordert, sind Geduld und Ausdauer fast revolutionär. Es reicht nicht, kurzzeitig motiviert zu sein. Es geht darum, dranzubleiben, auch wenn niemand zuschaut, auch wenn die Anerkennung ausbleibt, auch wenn Zweifel aufkommen. Der Unterschied zwischen Träumern und Machern ist nicht das Talent, es ist das Durchhaltevermögen. Wer an seinen Prinzipien festhält und gleichzeitig bereit ist, sich weiterzuentwickeln, bleibt beweglich und wächst über sich hinaus.

Dabei spielt auch der bewusste Umgang mit dem eigenen Umfeld eine zentrale Rolle. Erfolg ist nicht nur eine Frage der Disziplin, sondern auch des sozialen Rahmens. Menschen, die einen fordern, inspirieren und manchmal auch liebevoll provozieren, sind Gold wert. Patrick und Dominique haben gelernt, sich von toxischen Einflüssen zu lösen und ihr Umfeld gezielt zu gestalten. Denn das Umfeld wirkt immer, die Frage ist nur, ob es stärkt oder schwächt.

Freiheit, Selbstbestimmung, Authentizität. Das sind keine Zustände, die man einmal erreicht und dann besitzt. Es sind tägliche Entscheidungen. Sie entstehen, wenn man bereit ist, sich unbequemen Fragen zu stellen, aus Routinen auszubrechen und immer wieder neu zu definieren, was für einen selbst richtig ist. Das erfordert Mut. Und Klarheit. Und eine gewisse Gelassenheit gegenüber dem, was andere denken.

Die Geschichten von Patrick und Dominique sind keine Erfolgsmythen. Sie sind real, widersprüchlich, manchmal unbequem, aber gerade deshalb so wertvoll. Sie zeigen, dass Wachstum kein linearer Prozess ist. Dass es Phasen der Stagnation gibt. Zweifel. Umwege. Und dass genau darin die Kraft liegt. Wer bereit ist, sich diesen Prozessen zu stellen, wird nicht nur erfolgreicher, sondern auch freier.

Wenn du aus diesem Buch eines mitnimmst, dann vielleicht das: Es geht nicht darum, immer stark zu sein. Es geht darum, ehrlich zu sein, mit dir selbst und mit anderen. Es geht darum, Entscheidungen zu treffen, die zu deinen Werten passen, und dann dranzubleiben, auch wenn es unbequem wird. Am Ende zählt nicht, wie oft man gefallen ist, sondern wie oft man bereit war, aufzustehen, und was man aus jedem einzelnen Mal gelernt hat. Erfolg ist kein Ziel. Erfolg ist eine Haltung. Und diese Haltung – sie beginnt genau hier, bei dir.

- Was sind deine Werte?
- Was ist dir wirklich wichtig?
- Wo hast du dich selbst unterschätzt und was wäre, wenn du dir jetzt zutraust, über dich hinauszuwachsen?
- Welche Entscheidungen hast du lange hinausgeschoben, obwohl du weißt, dass sie notwendig sind?
- Und mit wem willst du diesen Weg gehen?

Dieses Buch kann dir keine Antworten geben. Aber es kann dir die richtigen Fragen stellen. Und vielleicht ist das der Beginn von etwas Großem, von deinem Weg.

NACHWORT

Patrick

Wenn ich heute zurückblicke, dann nicht mit Stolz im klassischen Sinne, sondern mit einer gewissen Ruhe. Ich weiß, dass ich nicht alles richtig gemacht habe, aber ich habe es gemacht. Ich habe angefangen. Ich habe mich getraut, bin hingefallen, wieder aufgestanden, hab korrigiert, neu gedacht, neu gehandelt. Und ich würde es immer wieder tun. Vielleicht nicht exakt gleich, aber mit derselben Entschlossenheit.

Ich habe früh verstanden, dass das Leben dir nichts schenkt. Keiner kommt und sagt:

> **Hier ist dein fertiges Leben – alles geregelt.**

Du musst selbst ran. Entscheidungen treffen. Verantwortung übernehmen. Nicht nur für das, was du tust, sondern auch für das, was du lässt. Das ist vielleicht die härteste, aber auch befreiendste Erkenntnis:

> **Du bist selbst verantwortlich. Nicht deine Eltern. Nicht dein Chef. Nicht die Politik. Du.**

Viele fragen mich, warum ich so klar bin, warum ich so direkt spreche. Die Antwort ist einfach: Weil ich es mir nicht leisten konnte, mich zu verzetteln. Ich hatte keinen finanziellen Rückhalt, keinen doppelten Boden. Wenn ich einen Fehler gemacht habe, hat das wehgetan und zwar direkt. Deshalb musste ich lernen, zu unterscheiden, was mir wirklich wichtig ist und was nicht. Und genau deshalb glaube ich an Klarheit. An Haltung. An Prinzipien.

Ich habe das, was ich heute habe, nicht durch Glück erreicht. Sondern durch Arbeit. Durch Disziplin. Durch Entscheidungen, die nicht immer populär, aber notwendig waren. Ich habe gelernt, Nein zu sagen. Ich habe gelernt, auch mal allein weiterzugehen. Und ich habe gelernt, dass es nicht reicht, Träume zu haben, denn man muss sie auch umsetzen wollen. Jeden einzelnen Tag.

Aber das Wichtigste ist vielleicht: Ich habe nie aufgehört zu glauben, dass noch mehr geht. Nicht aus Gier, sondern aus Neugier. Aus dem Wunsch heraus, das Beste aus mir selbst herauszuholen. Ich will nicht perfekt sein. Ich will nur am Ende sagen können: Ich hab's versucht. Ehrlich. Konsequent.

Wenn du dieses Buch gelesen hast, dann weißt du jetzt: Es geht. Auch, wenn du nicht aus den besten Verhältnissen kommst. Auch, wenn du nicht alles mitbringst, was andere haben. Auch, wenn du scheiterst. Es geht, wenn du bereit bist, Verantwortung zu übernehmen. Wenn du aufhörst, Ausreden zu suchen. Und wenn du anfängst, deine eigenen Maßstäbe zu setzen.

Du brauchst keine Erlaubnis, um loszugehen. Du brauchst nur die Entscheidung. Und den Mut, dran zu bleiben, wenn's unbequem wird. Ich wünsche dir, dass du genau diesen Moment findest und dann losläufst. Nicht für Likes. Nicht für Anerkennung. Sondern für dich.

Bleib echt. Bleib bei dir. Und hab keine Angst davor, anzuecken. Wer aneckt, bewegt sich.

Dominique

Das Leben ist eine Reise mit ungewissem Ziel, gezeichnet von Entscheidungen, Chancen und Herausforderungen. Wer Erfolg will, muss bereit sein, den ersten Schritt zu tun – und den zweiten, den dritten, so lange, bis sich die Richtung von selbst ergibt.

Ich habe mich nie dafür interessiert, was andere denken. Ich bin dem Weg gefolgt, der mir logisch und schlüssig erschien, und vor allem hatte ich Freude daran. Die Freude am Ausprobieren neuer Dinge, an Herausforderungen, am Lernen.

In Dubai hatte ich einen Kollegen, den ich als Onboarding-Buddy begleitet habe. Als er befördert wurde, fragte ich ihn – eher als höflichen Smalltalk gemeint –, ob er schon einen Ersatz für sich habe. Seine Antwort war unerwartet: „Wenn du jetzt *Ja* sagst, dann schon." Die wichtigsten Fragen in diesem Moment waren nicht „Was bekomme ich?", sondern „Wann soll ich anfangen?" und „Wirst du mir helfen, hier loszulaufen?" Ich stellte die Gehaltsfrage gar nicht erst. Ich hatte Vertrauen – in meinen Arbeitgeber, dass er fair mit mir umgehen würde, und in uns beide, dass wir gemeinsam etwas Großes schaffen könnten.

Vieles ergibt erst mit zunehmender Lebenserfahrung Sinn. Ich habe unglaublichen Respekt vor meiner Mutter und wie sie die schwierigen Zeiten gemeistert hat. Ich bin dankbar, dass ich mich nie auf den Erfolgen meiner Vorfahren ausruhen konnte, sondern für alles selbst verantwortlich war. Ich musste liefern – immer.

Als ich die Schule nur mit Mittlerer Reife, jedoch ohne Abitur verließ, wurde mir gesagt, dass ich niemals etwas erreichen würde. Doch ich machte mein Diplom, dann meinen Master und arbeite nun an meiner Promotion. Brauche ich die Promotion für meine Karriere? Wahrscheinlich nicht. Warum mache ich sie trotzdem? Weil ich mit neuen Technologien arbeiten kann, vielleicht neue Maßstäbe setze – oder später junge Menschen unterrichte. Und ja, zu denjenigen, die mir respektlos begegnen, kann ich dann mit einem Augenzwinkern sagen:

> **Für Sie heißt es Dr. Rondé.**

Manchmal führt das Leben uns an Orte, die wir nie für uns vorgesehen hätten. Mein erster Besuch in Dubai Ende 2021 war eigentlich nur eine spontane Idee – die Einreise ohne Quarantäne möglich und eine Gelegenheit, gesammelte Vielflieger- und Hotelpunkte einzulösen und zusätzlich die *Expo* zu sehen. Damals konnte ich mir nicht vorstellen, dort zu leben. Zu laut, zu viel Bling-Bling, zu wenig Grün. Doch nur drei Monate später fand das oben beschriebene Gespräch mit meinem Onboarding-Buddy und späterem Chef statt – und heute habe ich mich sogar um das Golden Visa für die nächsten zehn Jahre bemüht. Meine Mutter hatte also recht, als sie sagte:

> **Das werden niemals drei Jahre.**

Der Weg zum Erfolg ist nie gerade, nie bequem, nie vorhersehbar. Aber wer bereit ist, loszugehen, wer seine Chancen erkennt und nicht zögert, wer das Beste aus sich herausholt, wird reich belohnt. In den Worten von seiner Hoheit Scheich Mohammed bin Rashid Al Maktoum:

> **The race for excellence has no finish line.**

Lauf los. Es lohnt sich.

DANKSAGUNG

Patrick

Erfolg ist nie nur das Ergebnis der eigenen Anstrengung. Auch wenn man oft allein Entscheidungen trifft, Rückschläge einsteckt und Nächte durcharbeitet. Es gibt immer Menschen im Hintergrund, die mittragen, mitdenken oder manchmal einfach nur da sind. Für mich war dieser Weg nie selbstverständlich. Und genau deshalb bin ich dankbar.

Ich danke denen, die nicht an der Oberfläche hängen geblieben sind, sondern tiefer geschaut haben; die nicht gefragt haben, wo ich herkomme, sondern gesehen haben, was in mir steckt; die mich nicht für meine Direktheit verurteilt, sondern ihre Stärke erkannt haben; und die mir vertraut haben, auch dann, wenn ich selbst noch gezweifelt habe.

Ein besonderer Dank gilt den Menschen, die mich nicht geschont haben. Die ehrlich waren, klar, manchmal unbequem, aber immer wertvoll. Denn echte Entwicklung beginnt dort, wo einem nicht nach dem Mund geredet wird. Ich bin dankbar für jede Kritik und jede Herausforderung, an der ich wachsen durfte.

Danke an all jene, die mich in meinem Tempo gehen lassen haben. Die nicht versucht haben, mich zu ändern, sondern mich begleitet haben, während ich mich selbst gefunden habe.

Danke auch an dich – ja, genau dich –, der dieses Buch gekauft hat. Wenn du etwas daraus mitnehmen kannst, wenn es dich inspiriert, dein eigenes Ding zu machen, dann hat es sich gelohnt. Ich wünsche dir den Mut, deinen Weg zu gehen – klar, authentisch und ohne dich zu verbiegen. Denn du brauchst keine perfekte Geschichte, du brauchst nur den Willen, sie selbst zu schreiben.

Dominique

Es gibt ein afrikanisches Sprichwort, das sagt:

> **Wenn du schnell gehen willst, geh allein.**
> **Wenn du weit gehen willst, geh mit anderen.**

Erfolg ist selten ein Alleingang. Auch wenn der eigene Wille und die Entschlossenheit die treibenden Kräfte sind, gibt es immer Menschen, die auf die eine oder andere Weise dazu beitragen. Ich bin dankbar für all jene, die meinen Weg begleitet haben – für Inspiration, für Herausforderungen, für Unterstützung und manchmal auch für Gegenwind. Denn auch Widerstand formt den Charakter und lässt einen wachsen.

Ein besonderer Dank gilt denjenigen, die an mich geglaubt haben, lange bevor ich selbst wusste, wohin die Reise führt; die mich nicht aufgehalten, sondern ermutigt haben; die mir Raum zum Lernen, Scheitern und Wachsen gegeben haben.

Danke an alle, die mich herausgefordert haben, die meine Grenzen getestet und mich damit stärker gemacht haben, und an all jene, die mich gelehrt haben, dass Loyalität, Mut und Ausdauer am Ende mehr zählen als der perfekte Start.

Und schließlich danke ich jedem, der dieses Buch in den Händen hält. Möge es dich ermutigen, deinen eigenen Weg zu gehen – unbeirrt, entschlossen und mit dem Wissen, dass der Weg das Ziel ist.

ForwardVerlag

SPIEGEL Bestseller

Titel:	Erfolg ist kein Zufall
Untertitel:	Die Erfolgsfaktoren für Reichtum, Glück und Erfüllung
Autoren:	Maurice Bork & Christian Gaschler
ISBN:	978-3-98755-152-9

Woran denkst du bei *Erfolg*? Verbindest du das Wort mit Geld? Mit Luxus? Mit Wohlstand? In meinem Podcast habe ich mehr als 350 finanziell erfolgreiche Menschen interviewt. Eines kann ich mit Sicherheit sagen: Erfolg ist keineswegs bloß Geld. Es ist eine Lebenseinstellung. Ein Pakt mit sich selbst, Überdurchschnittliches zu leisten – was auch immer es ist.

Was unterscheidet Menschen diesen Schlags vom Durchschnitt? Sie verkörpern Erfolgsfaktoren, die sie teils von Natur aus mitbringen, sich meist aber auf ihrem Lebensweg angeeignet haben. Dieses Buch präsentiert 13 solcher Faktoren. Wissenschaftlich untermauert, eingewoben in inspirierende Geschichten, inklusive Handlungsempfehlungen, die wir alle umsetzen können.

Um ein erfolgreiches Leben zu führen, musst du nicht alle 13 Faktoren ausbauen. Baust du sie aber alle aus, wirst du unaufhaltsam. Denn Erfolg ist kein Zufall!

ForwardVerlag